Gesund essen bei

Osteoporose

100 GENUSSREZEPTE FÜR STARKE KNOCHEN

AUTORINNEN: MARLISA SZWILLUS, DR. MED. JUTTA SEMLER
PHOTOGRAPHIE: JÖRN RYNIO

Inhalt

OSTEOPOROSE

REZEPTE

Frühstück

Kleine Gerichte & Drinks

Hauptgerichte vegetarisch

Hauptgerichte mit Fisch

Hauptgerichte mit Geflügel

Hauptgerichte mit Fleisch

Desserts und Gebackenes

ZUM NACHSCHLAGEN

ALPEN

Osteoporose
– wenn Knochen brüchig werden

In Deutschland leiden 6 Millionen Menschen unter einer Osteoporose, 80 % davon sind Frauen. Jährlich treten etwa 400.000 Knochenbrüche durch Osteoporose auf. Unbeachtet oder zu spät behandelt ist das Krankheitsbild fortschreitend, schmerzhaft und teuer.

Haben auch Sie schon Knochenbrüche erlitten und deshalb den Verdacht auf Osteoporose? Oder haben Sie bereits Gewissheit, dass Ihre Knochen brüchig sind? Versuchen Sie zu erkennen, ob Sie gefährdet sind an einer Osteoporose zu erkranken und beugen Sie vor.

Was können Sie selbst dagegen tun? Gleichgültig ob gefährdet oder betroffen – eines ist immer wichtig – eine knochengesunde Lebensweise verbunden mit einer knochengesunden Ernährung.

In diesem Buch finden Sie Antworten auf Ihre Fragen, Sie erhalten Tipps für den Alltag zu knochenfreundlicher Kost sowie muskel- und knochenstärkende Trainingsprogramme.

Der Knochenstoffwechsel

Das Wichtigste am Anfang

Unsere Knochen dienen unserem Körper als Halt und Stütze und das solange wir leben. Und dabei machen die Knochen des Skeletts noch nicht einmal 12 Prozent unseres Körpergewichts aus. Dennoch werden sie tagtäglich – mal mehr, mal weniger – beansprucht. Dabei sind Knochen keinesfalls unveränderlich. Sie wachsen, passen sich Belastungen an und sind in der Lage einen Knochenbruch wieder zu reparieren. Knochen sind Alleskönner, denn sie müssen fest und untereinander beweglich, hart und doch möglichst leicht, elastisch und formstabil sein.

Sie bestehen aus unterschiedlichen Geweben – aus der massiven Knochenrinde (Kompakta) und dem innen gelegenen Schwammknochen, der Spongiosa, einem Geflecht von Knochenbälkchen. Diese Knochenbälkchen sind stets so angeordnet, dass bei geringst möglichem Materialbedarf die größtmögliche Stabilität erreicht wird. Und das ist wichtig, um unseren Körper aufrecht zu halten.

Damit die Knochen stark und stabil bleiben sind eine Reihe von Stoffwechselvorgängen im Körper notwendig, die dafür zuständig sind, dass das Knochengewebe mit den notwendigen Mineralstoffen versorgt wird. Hormone und Vitamine haben einen ebenso großen Einfluss auf die Knochen wie die richtige Bewegung und Ernährung.

Mineralstoffe und Knochenzellen

Das Knochengewebe ist chemisch aus winzigen Calcium-Phosphatkristallen aufgebaut, die in ein enges Geflecht von Kollagen (Eiweißfäden) eingebettet sind. Die Mineralstoffe, das Hydroxylapatit verleihen dem Knochen die Festigkeit, das Kollagen die Elastizität.

Die Anpassung an Belastungen verdankt der Knochen dem Zusammenspiel der Knochenzellen. Man unterscheidet Knochenfresszellen, die Osteoklasten, knochenaufbauende Zellen die Osteoblasten und Osteozyten, welche die anderen Zellen durch mechanische Reize regulieren. Die Osteoblasten bilden also fortlaufend neues Knochengewebe, die Osteoklasten verhindern, dass der Knochen zu groß wird und regulieren so das Wachstum. Es besteht ein regelmäßiger Kreislauf von Knochenabbau und Knochenanbau von zunächst noch nicht mineralisiertem Knochen. Erst jetzt erfolgt die Stabilisierung durch Einbau der Mineralstoffe.

Vitamin- und Hormoneinflüsse

Das Ziel des Körpers ist es das sogenannte „Bankkonto“ Knochen im Wachstumsalter und bis etwa zum 30. Lebensjahr ausreichend zu füllen. Danach kommt es zu einem allmählichen Knochenmasseverlust, dem natürlichen Alterungsprozess.

Unser Hormonsystem reguliert den gesamten Knochenstoffwechsel.

Das Nebenschilddrüsenhormon
(Parathormon) regt den Knochenabbau an, wenn der Calciumspiegel im Blut absinkt. Es regt die Osteoklasten an, Calcium aus den Knochen abzubauen und dieses ins Blut abzugeben, der Calciumspiegel im Blut steigt wieder an. Gleichzeitig aktiviert es das Vitamin D-Hormon.

Vitamin D-Hormon
fördert die Calciumaufnahme über den Darm und steigert den Calciumeinbau in den Knochen.
Darüber hinaus wird die Calciumausscheidung über die Nieren gesenkt. Der Körper ist in der Lage Vitamin D aus Cholesterin herzustellen. Voraussetzung hierfür ist eine ausreichende Bestrahlung der Haut mit UV-Licht. Da die Vitamin D-Speicher in den Wintermonaten nahezu erschöpft sind, sollte Vitamin D ab November vermehrt über die Nahrung aufgenommen werden.

Calcitonin
aus der Schilddrüse hemmt als Gegenspieler des Parathormon übermäßigen Knochenabbau durch die Osteoklasten. Es stoppt die Aufnahme von Calcium aus dem Darm, die knochenbildenden Zellen (Osteoblasten) werden angeregt und Calcium wird in die Knochensubstanz eingelagert. Der Calciumgehalt im Blut sinkt.

Sexualhormone
Die Knochenentwicklung verläuft vor der Pubertät noch ohne den Einfluss von Sexualhormonen. Mit Beginn der Pubertät wird das Knochenwachstum von Sexualhormonen beeinflusst. Östrogen bei der Frau und Testosteron beim Mann sind keine eigentlichen Knochenhormone. Im Mangel kommt es aber zu vermehrtem Knochenabbau, da sie die Bildung und Wirkung der notwendigen Hormone für den Knochenstoffwechsel beeinflussen. Bei Frauen beginnt dies zunehmend mit Einsetzen der Menopause.

Muskulatur

Eines vorweg: Sie können in jedem Alter damit beginnen, etwas mehr Bewegung in Ihren Tagesablauf einzuplanen. Denn ohne kräftige Muskulatur besteht auch kein stabiler Knochen. Immobilisation, längere Bettruhe, Lähmungen oder auch Ruhigstellung im Gips führen zur Schwächung der Muskulatur und damit auch zu Knochenabbau.
Zur Stabilisierung des Knochens ist also eine regelmäßige körperliche Aktivität, ein Muskelaufbautraining aber auch ein Training der Koordination zum Erhalt der Balance und der Vermeidung von Stürzen notwendig. Zu empfehlenswerten körperlichen Aktivitäten gehören : Ausdauersportarten wie Laufen, Schwimmen, Tanzen und Fahrradfahren. Muskelaufbautraining wird erreicht durch Walking, besonders durch Nordic Walking sowie Krafttraining, aber auch Tai Chi und Qi Gong, welche zusätzlich die Koordination fördern, helfen beim Muskelaufbau und der Vermeidung von Stürzen. Viele der Sportarten können Sie im Freien ausüben, das UV-Licht erhöht den Vitamin D-Speicher im Körper.

Was bedeutet Osteoporose – Risiken vermeiden

Das klinische Bild der Osteoporose

So hart es klingt: Osteoporose bedeutet Knochenschwund. Und das bedeutet, dass die Knochen den Belastungen des Alltags nicht mehr stand halten können. Typische Knochenbrüche bei Osteoporose sind Wirbelkörper-, Handgelenks- und Hüftfrakturen. Schmerzen, Rundrückenbildung und Körpergrößenabnahme können die Folgen sein. In Deutschland leiden 6 Millionen Menschen an einer Osteoporose, jährlich treten allein knapp 400.000 osteoporosetypische Knochenbrüche auf. Durch die Überalterung der Bevölkerung ist mit steigenden Zahlen zu rechnen. Frauen sind häufiger betroffen als Männer. Grund hierfür ist die Abnahme der Sexualhormone in der Menopause.

Leiden von Osteoporosekranken

Die Schmerzen der Patienten nach Wirbelkörperbrüchen sind enorm, sie werden sogar häufig mit denen nach einem Herzinfarkt verglichen. Notwendige Krankenhausaufenthalte, Invalidität und Pflegebedürftigkeit gehören zum Teufelskreis der Minderung der Lebensqualität von Osteoporosekranken. Doch können Sie dem Leiden rechtzeitig vorbeugen, indem Sie Ihre Lebensgewohnheiten etwas umstellen. Dazu gehören an erster Stelle mehr Bewegung und eine Calcium- und Vitamin-D-reiche Ernährung. Sie werden sehen, beides wird Ihren Alltag bereichern.

Risikofaktoren Osteoporose

Es lassen sich unvermeidbare von vermeidbaren Risikofaktoren unterscheiden. Zu den Hauptrisikofaktoren der Osteoporporose gehören:

- bereits erlittene osteoporosetypische Knochenbrüche
- häufige Stürze
- ein erniedrigter Body-Mass-Index von unter 20 kg/m^2 (BMI = Körpergewicht in kg/Körpergröße in Meter x 2). Gerade bei Jugendlichen die an Magersucht leiden nimmt die Knochendichte schnell ab. Leider ist dieser Schaden irreversibel.
- Medikamente bzw. Erkrankungen, die eine Osteoporose auslösen können, wie z. B. eine Langzeit-Cortisonbehandlung bei entzündlich rheumatischen Leiden oder Asthma bronchiale.

Weitere wichtige Risikofaktoren sind eine familiäre Osteoporosebelastung und eine verkürzte Zeit der Geschlechtshormoneinwirkung, wie etwa frühe Wechseljahre bei der Frau.
Einige dieser Risiken sind nicht vermeidbar, wohl aber eine Calciummangelernährung, ein Vitamin D-Mangel, Nikotin- und Alkoholmissbrauch, Bewegungsmangel, vielfach auch Stürze. Gegen all diese Risiken können Sie vorbeugen – am besten täglich.

➤ Haupt-Osteoporose-Risikofaktoren

- Hohes Lebensalter
- Erbanlagen
- Calciummangelernährung
- Erniedrigter Body-Mass-Index
- Vitamin D – Mangel
- Nikotinmissbrauch
- Alkoholmissbrauch
- Bewegungsmangel
- Leistungssport
- Gehäuft Stürze (mehr als 2 Stürze innerhalb von 6 Monaten)
- Osteoporosetypische Knochenbrüche nach Bagatellverletzungen
- Frühzeitiger Geschlechtshormonmangel z. B. frühe Wechseljahre der Frau
- Osteoporoseauslösende Erkrankungen oder Medikamente vor allem Cortison
- Schwangerschaft und Stillzeit (Calcium und Vitamin D müssen in dieser Zeit vermehrt aufgenommen werden)
- Getränke (Cola, Tee und Kaffee)

Bank-Konto Knochen

Der Knochen erreicht bis etwa zum 30. Lebensjahr seine maximale Knochenmasse. Die Frau sammelt etwa 1 kg, der Mann 1,5 kg Calcium an – das Bankkonto Knochen ist gefüllt. Nach wenigen Jahren der Stabilität nimmt die Knochenmasse mit dem Alter stetig, jährlich um 1 – maximal 2 % ab.

Um ein optimales Bankkonto zu erreichen benötigt der Körper vor allem eine ausreichende Zufuhr von Calcium und Vitamin D sowie ein regelmäßiges Muskelaufbautraining.

Knochenbruchgefahren

Nach bereits erlittenem osteoporosetypischem Knochenbruch muss bei jeder 5. Frau innerhalb eines Jahres trotz ausreichender Versorgung mit Calcium mit weiteren Knochenbrüchen gerechnet werden. Hier spielt natürlich die Stabilität des Knochens selbst eine große Rolle. Sturzgefahren sind deshalb auch besonders gefährlich im höheren Lebensalter mit bereits reduzierter Knochenmasse. Bei jeder 3. Frau muss auch nach den Wechseljahren mit einem gesteigerten Verlust an Knochenmasse gerechnet werden.

Besonders ab dem 60.–70. Lebensjahr müssen deshalb Sturzgefahren im Haus, Garten, auf der Straße oder dem Sportplatz unbedingt vermieden werden.

➤ Sturzgefahren

- Stolperfallen im Haushalt (Kabel, hochstehende Teppichecken, Leitern)
- Eis- und Schneeglätte, nasses Herbstlaub
- Instabiles Schuhwerk (Stöckelschuhe, alte Hausschuhe)
- Eingeschränkte Sehkraft
- Dunkelheit (auch der nächtliche Gang zur Toilette ohne ausreichende Beleuchtung)
- Gehbehinderungen
- Unkontrollierte Einnahme von Schlafmitteln und Psychopharmaka
- Kreislaufschwächen, Schwindelgefühl
- Stoffwechselstörungen, vor allem Unterzuckerungen bei Diabetes mellitus
- Gefährliche Sportarten (z. B. Inline-Skating, Squash)

Osteoporose –

diese Fragen habe ich noch

Können auch Kinder an Osteoporose erkranken?

Bei Kindern kommt es dann zu einer Osteoporose, wenn Erbfaktoren, wie z. B. die Glasknochenkrankheit vorliegen, bei chronischen Erkrankungen die zu Lähmungen führen, chronisch entzündliche Erkrankungen des Darmes oder des rheumatischen Formenkreises, vor allem wenn eine Langzeitglucocorticoidmedikation (Cortison) erforderlich ist. Besonders bei Mädchen und jungen Frauen ist die Magersucht ein großer Risikofaktor.

Stimmt es, dass junge Männer zunehmend an einer Osteoporose erkranken?

In der Tat wird bei einer großen Anzahl von jungen Männern, zum Teil bereits um das 20. Lebensjahr, Osteoporose diagnostiziert. Zum einen hat sich die Aufmerksamkeit für diese Krankheit verbessert, zum anderen kommt die heutige Lebensweise mit Bewegungsmangel, Mangel- und Fehlernährung sowie Alkohol- und Nikotinmissbrauch erschwerend hinzu.

Muss ich, wenn in meiner Familie bereits Osteoporose aufgetreten ist, in jedem Fall damit rechnen auch zu erkranken?

Nein. Das genetische Risiko ist sicher wichtig, aber welches Schicksal mein Knochen nimmt, kann ich selbst mitbestimmen. Eine möglichst lebenslange knochenstabilisierende Lebensweise kann die Gefahr von Knochenschwund mit nachfolgenden Knochenbrüchen in vielen Fällen verhindern oder zumindest verzögern.

Wie stark steigt meine Knochenbruchgefahr mit Abfall der Knochendichte?

Mit weiterem krankhaftem Abfall der Knochendichte steigt die Knochenbruchgefahr deutlich an und kann sich verdoppeln bis vervielfachen. Aber die Knochenbruchgefahr ist nicht allein von der Knochendichte abhängig, sondern auch von der Tatsache, ob Sie eine kräftige Muskulatur haben und Stolperfallen beseitigen können.

Kann man Osteoporose heilen?

Nicht direkt heilen, aber es ist doch möglich den Knochen soweit zu stabilisieren, dass keine oder keine zusätzlichen Knochenbrüche auftreten. Je früher mit einer Vorbeugung und Behandlung begonnen wird, desto größer sind die Chancen. Man könnte dann von einer „Heilung" sprechen, wenn keine Schmerzen mehr bestehen, die Knochendichte normale Werte annimmt und keine Knochenbrüche mehr auftreten.

Warum erkranken Frauen häufiger als Männer?

Frauen haben einen zarteren Knochenbau, meist weniger Muskulatur und speichern im Knochen weniger Calcium (Frauen erreichen bis zum 30. Lebensjahr 1000 g, Männer 1500 g). Bei der Frau kommt der Östrogen-Abfall in den Wechseljahren hinzu, der bei jeder dritten Frau zu einem übermäßigen Verlust an Knochenmasse führen kann. Frauen erkranken zudem häufiger an Rheuma, junge Mädchen häufiger an Magersucht und Bulimie.

Warum werden Osteoporosekranke kleiner?

Bei Osteoporosepatienten kann es zu Knochenbrüchen der Wirbelkörper kommen, so fällt z. B. quasi das Dach eines Wirbelkörpers ein, es entsteht ein Keilwirbel. Dies erfolgt zumeist im Bereich der Brustwirbelsäule. Bei mehreren Keilwirbeln entsteht ein Rundrücken, es kommt zu einer Abnahme der Körpergröße von 4 cm und mehr.

Was bedeutet eine Wirbelkörperverformung bei Osteoporose?

Knochenbrüche der Wirbelkörper treten bei Osteoporose anfangs fast unbemerkt auf (sogenannte Kriechverformungen). Das Endresultat ist z. B. dass die Deck- oder die Grundplatte des Wirbelkörpers eingedellt wird – es entstehen sogenannte Keil-, Fisch- oder sogar Plattwirbel. Je mehr ein Wirbelkörper „verformt" ist, umso größer ist die Gefahr der weiteren Verformung.

Lohnt sich bei vielen osteoporosebedingten Knochenbrüchen überhaupt noch eine Behandlung?

Die Vermeidung weiterer Knochenbrüche und damit erneut heftiger Schmerzen lohnt sich immer. Deshalb sollte man niemals aufgeben und selbst durch eine knochenfreundliche Lebensweise und regelmäßige Einnahme der empfohlenen Medikamente dazu beitragen, das Krankheitsbild zu stabilisieren.

Osteoporose – so erkenne ich sie rechtzeitig

So helfe ich mir selbst

Das Krankheitsbild Osteoporose ist anfangs klinisch stumm. Aber jeder Mensch mit vorhandenen Risikofaktoren sollte zunächst selbst und dann nach Rücksprache mit seinen behandelnden Ärzten versuchen, die Osteoporose möglichst rechtzeitig, also bereits vor einem ersten Knochenbruch zu erkennen. So können schmerzliche Knochenbrüche und langwierige Behandlungen verhindert werden.

Erste Zeichen einer Osteoporose

Anfangs beklagen einige Osteoporosekranke ein gewisses Schwäche- und Durchbrechgefühl des Rückens, erst später treten Rückenschmerzen und ein Rundrücken auf. Durch die Verkürzung des Rumpfes kommt es jetzt im Rücken zu Hautfalten, die von der Mitte der Wirbelsäule seitlich zur Taille hinabziehen (das sogenannte Tannenbaumphänomen). Die Körpergröße nimmt ab. Es ist also etwa ab dem 45. Lebensjahr sinnvoll, wie im Wachstum, regelmäßig die Körpergröße zu kontrollieren und bei einer Abnahme von 4 cm und mehr gegenüber der maximal erreichten Körpergröße einen Arzt aufzusuchen.

Diagnostische Möglichkeiten

Ärzte haben nun in einer frühen Phase der Erkrankung die Möglichkeit durch eine qualifizierte sogenannte „Knochendichtemessung" das Krankheitsbild rechtzeitig zu erkennen. Das Röntgenbild erkennt die Osteoporose erst, wenn bereits 30 – 40 % der Knochenmasse verloren gegangen ist. Eine Röntgenuntersuchung von Brust- und Lendenwirbelsäule ist aber ebenfalls sehr wichtig, wenn bereits der Verdacht auf Wirbelkörperbrüche etwa durch übermäßigen Körpergrößenverlust oder lokalen Druck- oder Klopfschmerz im Bereich der Wirbelsäule vorliegt. Sogenannte Kriechverformungen der Wirbelkörper verlaufen oft nicht so schmerzhaft und werden nicht selten übersehen. Das Röntgenbild ist auch erforderlich zur differentialdiagnostischen Abgrenzung gegenüber anderen schmerzhaften Erkrankungen der Wirbelsäule.

Messmethoden

Die zur Zeit noch als „Goldener Standard" empfohlene Untersuchungsmethode zum erfassen der Knochendichte ist, da hier die meisten wissenschaftlichen Daten vorliegen, das Durchstrahlverfahren DXA (Doppelenergie – Röntgen, im Englischen: X-ray-absorption). Mit geringen Röntgenstrahlen wird der Messbereich – zumeist Wirbelsäule und Hüfte – gescannt und über die Schwächung der Röntgenstrahlen die Dichte der Knochen errechnet. Die Patienten liegen auf dem Rücken und ein Scanarm fährt langsam über den ausgewählten Messbereich, zumeist die Lendenwirbelsäule

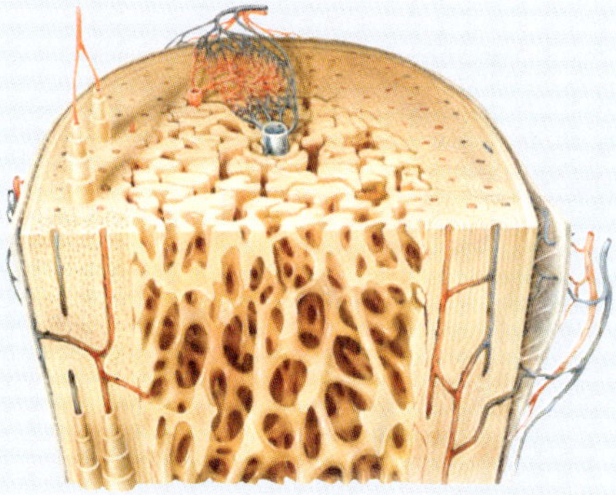

Der gesunde Knochen besteht aus einer äußeren Schicht harten Knochens (Kortikalis), der ein Netz aus feinen Knochenplättchen und -bälkchen, die Substantia spongiosa, einschließt. Von der Kortikalis hängt ab, wie kräftig unser Knochenbau ist.

und die Hüfte. Die Strahlenbelastung ist sehr gering. Verlaufsuntersuchungen sind in der Regel nur alle 1 – 3 Jahre erforderlich. Wichtig ist es zu beachten, die Verlaufsuntersuchungen möglichst mit demselben Messgerät durchführen zu lassen und natürlich das gleiche Messfeld auszuwählen.

Der Messwert wird in Gramm Hydroxylapatit pro Quadratzentimeter angegeben und mit den Daten Gesunder verglichen. Die Auswertung berücksichtigt die maximale Knochenmasse junger Erwachsener, den sogenannten T-Wert. Das individuelle Ergebnis wird in Standardabweichung angegeben. Ein statistisch erhöhtes Knochenbruchrisiko haben Patienten bereits ab einem Wert unterhalb von – 1,0 Standardabweichung. Von einer Osteoporose spricht man aber erst ab einer Standardabweichung von – 2,5. Diese Daten werden zur Zeit wissenschaftlich überarbeitet, da es wichtig ist, für die Betroffenen alle Aspekte einer Knochenbruchgefährdung und der Notwendigkeit eines Eingreifens korrekt zu erfassen. Das Gleiche gilt für die anderen Knochendichte-Messverfahren mittels Computer-Tomographie. Hier werden die Ergebnisse jedoch nicht als T-Wert, sondern als Absolutwert in Gramm Hydroylapatit pro ml angegeben.

Die strahlenfreie quantitative Ultraschalluntersuchung zumeist im Fersenbereich hat sich wissenschaftlich noch nicht ausreichend durchgesetzt. Es ist auch im eigentlichen Sinn keine Knochendichtemessung. Erfasst wird hier wie schnell eine Schallwelle den Knochen passiert und inwieweit diese Welle verformt wird. Hieraus wird dann eine sogenannte „Steifigkeit“ berechnet, die vielleicht einen gewissen Hinweis auf eine Knochenbruchgefahr geben kann, die Diagnose Osteoporose aber nicht sichert. Diese Methode kommt ursprünglich aus dem Baugewerbe. Fährt etwa ein Lastwagen in ein Haus, dann holt man sich den Statiker, um zu klären, ob man wieder einziehen kann, also ob die Statik stimmt oder ob vielleicht kleine Risse vorhanden sind. Eine solche Untersuchung erfolgt auch mit Ultraschall. Man kann aber in keinem Fall das Ergebnis einer Ultraschalluntersuchung mit dem einer Knochendichtemessung vergleichen.

➤ Diagnostik

- Anamnese
- Labortests
- Röntgenuntersuchungen
- Knochendichtemessungen
- Computertomografie
- Knochenbiopsie

Vorbeugen einer Osteoporose – so einfach geht's

„Ein Gramm Vorbeugung ist mehr wert als ein Kilogramm Behandlung"

Um eine Osteoporose zu verhindern ist eine lebenslange knochengesunde Lebensweise notwendig. Die Osteoporose kann in jedem Alter und bei jedem Geschlecht auftreten. Besonders gefährdet sind Frauen nach den Wechseljahren und Menschen in höherem Lebensalter.
Wurde eine Gefährdung vermutet oder erfasst ist die Vorbeugung unverzichtbar.

Knochenfreundliche Kost

Die knochenfreundliche Kost versorgt den Knochen bedarfsgerecht regelmäßig ausreichend mit Calcium im richtigen Verhältnis zu den übrigen Nährstoffen.
Der Tagesbedarf an Calcium beträgt 1200 – 1500 mg. Starkes Untergewicht bedingt durch Magersucht oder Bulimie sind zu vermeiden, da die Knochendichte bei diesen Krankheitsbildern stark abnimmt. Auch nach einer erfolgreichen Behandlung der Krankheit kann die Knochendichte nicht wieder aufgebaut werden. Das Risiko an Osteoporose zu erkranken nimmt zu. Milch- und Milchprodukte werden nicht von allen Menschen vertragen. Besteht lediglich eine Milchzuckerunverträglichkeit kann auf Sauermilchprodukte oder Hartkäse ausgewichen werden. Bei Milcheiweißallergien muss aber der Calciumbedarf über die anderen Nährstoffe oder durch Nahrungsergänzungsmittel gedeckt werden. Viele Nährstoffhersteller setzen ihren Produkten Calcium zu.
Bei der Zusammenstellung einer knochenfreundlichen Kost sollte auch darauf geachtet werden, welche Nahrungsmittel die Calciumaufnahme fördern und welche sie hemmen oder zu einem vermehrten Verlust über die Niere führen, also quasi „Calciumräuber" sind.
Der Tagesbedarf von Vitamin D beträgt 400 – 800 IE. Vitamin D kann mit der Nahrung zugeführt werden, wird aber auch in der Haut unter dem Einfluss von UV-B-Licht gebildet. Diese Vorstufe (Colecalciferol) wird dann sowohl in der Leber als auch anschließend in der Niere zu dem hochwirksamen Vitamin D-Hormon (1,25 – Dihydroxycolecalciferol) aktiviert. Da wir uns ab November nicht mehr so häufig an der frischen Luft aufhalten, ist in den Wintermonaten eine vermehrte Aufnahme von Vitamin D über die Nahrung sehr wichtig.

➤ Haupt-Calciumlieferanten

- Milch- und Milchprodukte
- Grünes Gemüse, Salate und Kräuter
- Calciumreiches Mineralwasser
- Nüsse, Mandeln, Mohn und Sesam
- Ölsardinen, geräucherter Schellfisch

➤ Steigerung der Calciumaufnahme

- Vitamin C (Obst, Gemüse)
- Vitamin D (Seefisch)
- Milchzucker (Milch)
- Vitamin K1 (grüne Salate)

Nahrungsergänzungsmittel

Zur Vorbeugung gelingt es in der Regel den Calciumbedarf mit einer gesunden Vollwertkost zu decken. Bei Neigung zu Unter- oder Übergewicht, bei Nahrungsmittelunverträglichkeiten oder bei Aversionen sind Nahrungsergänzungsmittel zu empfehlen. Bei der Behandlung der Osteoporose sind sie zumeist unvermeidbar.

Lebensweise

Eine knochengesunde Lebensweise sollte bereits in der Kindheit beginnen. Das bedeutet eine ausreichende Versorgung mit Calcium und Vitamin D, aber auch regelmäßige körperliche Aktivität zur Steigerung der Fitness.
Zur gesunden Lebensweise im Erwachsenenalter gehören auch das Vermeiden von Nikotin und Alkohol.

Muskelkraft

Ohne kräftige Muskulatur ist auch kein kräftiger Knochen zu erwarten. Zu empfehlen ist eine regelmäßige körperliche Aktivität zum Erhalt der Fitness, der Koordination, also auch der Balance und der Muskelkraft. Durch Zug- und Druck kommt es über den Muskeltonus zu einer Verformung des Knochens. Dies ist regelmäßig notwendig um die Umbauvorgänge im Knochen zu erhalten. Verstärken wir die Muskelkraft, so kommt es zu einer verstärkten Knochenverformung und damit zum Reiz der Steigerung der Knochenmasse. Der Knochen wird stabiler, die Gefahr von Knochenbrüchen ist reduziert.

Sturzvermeidung

Bei instabilen Knochen kann ein Sturz verheerende Folgen haben. So kann der nächtliche Gang zur Toilette für Viele folgenschwere Auswirkungen haben. An den Folgen eines Hüftbruches sterben noch immer fast 20 % aller Patienten innerhalb eines Jahres, aber auch Pflegebedürftigkeit oder Einschränkung der Mobilität können die Folge sein. Sturzrisiken sind also unbedingt zu vermeiden. Hierzu ist es notwendig alle Gefahren zu erkennen und wenn möglich abzustellen. Dies gilt sowohl im Haus als im Freien. Eine der Hauptsturzrisiken ist die falsche Brille. Bei Gehbehinderung sollte der Weg ins Freie bei Schneeglätte unbedingt vermieden werden – vielleicht muss deshalb auch einmal ein Arzttermin telefonisch abgesagt werden. Gerade Ihr Arzt wird dafür Verständnis haben.

➤ Calciumräuber

Hemmung der Calciumaufnahme

- Fett
- Einzelne Ballaststoffarten (insbesondere Phytine = Getreidekleber in ungeschrotetem Korn)
- Phosphate (Fleisch- und Wurstwaren, Schmelzkäse, Cola-/Limonadengetränke)
- Oxalsäure (z. B. Rhabarber, Rote Bete, Kakao, Mangold)
- Alkohol

Steigerung der Calciumausscheidung

- Salz
- Übermäßige Zufuhr von Koffein
- Übermäßige Zufuhr von Eiweiß

Bewegung und Muskelkraft

Für Körper und Seele

Zumeist ist unser Alltag heute bewegungsarm – sehr zum Schaden unserer Gesundheit. Dabei ist uns die Fähigkeit zur richtigen Bewegung angeboren – und wir brauchen gar nicht viel zu investieren um Leib und Seele zu stärken.
In jedem Fall nutzen wir unseren Körper heute anders als unsere Vorfahren. Wir möchten alle, bis ins hohe Alter, mobil bleiben. Vielleicht sind die Trainingsmöglichkeiten im Alter eingeschränkt. Aber klug beraten ist, wer lebenslang regelmäßig Sport treibt nach der Devise „mäßig aber regelmäßig", wer seine eigenen körperlichen Grenzen akzeptiert, aber doch versucht heute mehr zu tun als gestern. Die Verantwortung für unseren Lebensstil, für unseren Körper tragen wir selbst – nicht die Ärzte und auch nicht die Gesellschaft.
Wer seine Muskeln anspannt, Sehnen streckt, Gelenke beugt, sich räkelt – hat es mit Physik zu tun.

Durch Sport gesund werden

Sport ist Mord sagen die Einen und verweisen auf die ungezählten Möglichkeiten sich zu verletzen.
Sport ist gesund – halten die Anderen dagegen und betonen die zahlreichen positiven Effekte für den Organismus.

➤ Sport bewirkt Vieles

- Kräftige Muskulatur
- Sturzvermeidung
- Stabile Knochen
- Stabilität von Herz- und Kreislauf
- Stoffwechselregulation
- Immunabwehr
- Wohlbefinden

Unsere heutigen Hauptziele sind Wohlbefinden und Krankheitsvorsorge durch Körpertraining. Bewegung fängt im Kopf an. Hier finden Planung, Bewegungsgedächtnis, Koordination und Choreographie der Bewegungsabläufe statt.
Unser Körper enthält verschiedene Arten von Muskelfasern – die „langsamen" oder „roten" Muskelfasern für die Ausdauer der Muskulatur (Langstreckenlauf) und die „schnellen" oder „weißen" Muskelfasern für eine schnelle und kurzzeitige Kraft (Sprint).
Ein effektives Gesundheitstraining, auch zur Vorbeugung der Osteoporose ist eine ausgewogene Kombination von Fitnessbausteinen aus den Bereichen:

- Ausdauertraining
- Koordinationstraining
- Krafttraining und
- Entspannung

Die Betonung liegt hier auf ausgewogen.

Es ist sicher zumeist mehr an Muskelstärkung notwendig als allgemein angenommen – ein Übermaß kann aber auch Schaden zufügen. Denken wir nur an den Slogan der Muskelprotze aus den USA – stirb jung, stirb stark – nimm Anabolika (Muskelaufbaumedikamente)!
Aber ohne kräftige Muskulatur ist auch kein kräftiger Knochen zu erwarten. Durch Zug- und Druck kommt es über den Muskeltonus zu einer minimalen Verformung des Knochens. Dies ist regelmäßig notwendig um die Umbauvorgänge im Knochen zu erhalten. Verstärken wir die Muskelkraft, so kommt es zu einer verstärkten Knochenverformung und damit zum Reiz der Steigerung der Knochenmasse. Der Knochen wird stabiler, die Gefahr von Knochenbrüchen ist reduziert.

Welcher Sport ist der richtige?

Welche Sportarten der Einzelne für sich zur Stabilisierung des Knochens auswählt richtet sich nach dem Trainingszustand, dem Alter, der Zeit und der Lebensfreude mit der dieses Training in den kommenden Lebensjahren regelmäßig durchgeführt werden kann. Besondere Beachtung müssen die Rücken-, Oberschenkel- aber auch die Gesäßmuskulatur finden.
Diese drei interessanten und hilfreichen Trainingsprogramme zur Vorbeugung und Behandlung der Osteoporose sollten Sie sich zu Herzen nehmen:

- Tanzen
- Tai Chi/Qi Gong
- Nordic Walking

Tanzen hat etwas mit Lebensfreude, Partnerschaft und Geselligkeit zu tun. Es fördert die Ausdauer und Koordination.

Die Tradition der chinesischen Sportarten sind über 5000 Jahre alt und noch immer so modern und hilfreich, wie zu Beginn. Dieses ist charakterisiert in den Worten von Konfuzius:
„Wer Tai Chi übt – wird

- geschmeidig, wie ein Neugeborenes
- kraftvoll, wie ein Holzfäller und
- gelassen, wie ein Weiser"

Beim Langstreckenlaufen, dem Jogging kommt es leider nicht selten zu sogenannten Ermüdungsbrüchen im Bereich des Mittelfußes, besser wäre hier Walking. Eine Sonderform ist Nordic Walking. Bei der modernen Technik sind Muskelaufbau in allen Bereichen und verbesserte Koordination sowie zusätzlich Gelenkschonung bewiesen.
Dies ist der Grund dafür, dass das Kuratorium Knochengesundheit e.V., die älteste Patientenorganisation in Deutschland, im Kampf gegen Osteoporose gemeinsam mit dem Deutschen Nordic Walking Verband ein neues intensives Schulungsprogramm für Nordic Walking Instruktoren, das Nordic Bone (Knochen) Walking Programm erarbeitet hat.

Jetzt heißt es nur noch: Sportschuhe und Tanzschuhe schnüren, ran an die Stöcke, raus in die Natur und bewegen nach Lust und Laune – knochenstark!

Moderne Behandlungskonzepte

Ziele erkennen

Die Ziele einer Osteoporosebehandlung sind die Gleichen, wie die bei der Vorbeugung oder der Frühbehandlung – Vermeiden von Knochenbrüchen, Erhalt der Lebensqualität, Vermeiden oder Linderung von Schmerzen, Verhinderung von Invalidität aber auch Verhinderung von Pflegebedürftigkeit und letztlich Einsparen unnötig hoher Kosten durch Medikamente, Krankenhausaufenthalte und rehabilitierende Maßnahmen.

➤ Nichtmedikamentöse Behandlung

- Physiotherapie, Rückenschule
- Koordinationstraining
- Muskelaufbautraining
- Stützmieder/Orthesen
- Hüftprotektoren („Sturzhelm für die Hüfte“)
- Schmerztherapie
- Psychotherapie
- Patientenschulung
- Mitgliedschaft in Selbsthilfegruppe
- Mitgliedschaft im Kuratorium Knochengesundheit e.V.

Basis der Osteoporosebehandlung

Die Osteoporosebehandlung hat als Grundlage neben der Stabilisierung des Knochens auch die Kräftigung von Muskulatur und die ausreichende Versorgung mit Calcium und Vitamin D. Als Basis gilt für Calcium der Wert 1500 mg, für Vitamin D 800 – 1000 IE. Zusätzlich zur Nahrung sollten diese Werte durch Medikamente ergänzt werden. Es ist hier positiv zu beachten, dass Vitamin D in der Lage ist Stürze zu vermeiden. Ferner sind eine gezielte Physiotherapie, eine gute Rückenschule und ausreichend dosierte Koordinations- und Muskelaufbautrainingseinheiten notwendig. Das beste Medikament wirkt nicht ausreichend, wenn diese Grundlagen der Behandlung nicht gewährleistet sind.

Wissenschaftlich gesicherte medikamentöse Behandlung

Die medikamentöse Therapie erfolgt individuell maßgeschneidert in Abhängigkeit vom Schweregrad und der Prognose der Erkrankung, der Akzeptanz und Therapietreue des Patienten und unter Kosten-Nutzenabwägung.
Erfreulicherweise stehen heute eine Vielzahl zum Teil unterschiedlicher Therapiekonzepte zur Verfügung. Zu den wissenschaftlich gesicherten Behandlungsmodellen, der sogenannten evidenzbasierten Behandlung gehören die

Bisphosphonate, täglich, wöchentlich oder monatlich verabfolgt, das Antiöstrogen Raloxifen und die beiden neueren Behandlungsmodelle mit Strontiumsalz bzw. einem Bruchstück des körpereigenen Nebenschilddrüsenhormons.

Ergänzung der Pharmakotherapie

Neben diesen hochwirksamen Medikamenten, die in der Lage sind in mindestens der Hälfte der Fälle Knochenbrüche, vor allem Wirbelkörperbrüche zu verhindern, sind zumeist oder nur in Einzelfällen ergänzende Maßnahmen erforderlich. In jedem Fall sprechen Sie mit Ihrem Arzt über spezielle Einnahmevorschriften, mögliche Risiken oder Nebenwirkungen.

Mit Osteoporose leben

Angst ist ein schlechter Lehrmeister. Besonders wichtig ist es sich gut und umfangreich über das Krankheitsbild Osteoporose zu informieren, Gefahren zu erkennen, sie möglichst zu vermeiden und positiv in die Zukunft zu blicken.

Sich nicht unterkriegen lassen, sich aufrecht zu halten, eine knochengesunde Lebensweise anzustreben und die Medikamente empfehlungsgerecht und regelmäßig einzunehmen – das bringt vielfach die alte Stabilität des Knochens und damit die Lebensfreude zurück.

Eigenverantwortung

Eigenverantwortung wird in unserem heutigen Gesundheitswesen oft mit Eigenbeteiligung verwechselt. Gemeint ist aber die kindliche und jugendliche Gesundheit zu fördern und ein Leben lang durch eigene Disziplin zu erhalten. Der Einzelne profitiert hiervon am meisten. Gesundes Essen und körperliche Aktivität sind in der Regel kostenneutral. Lassen Sie nicht zu, dass die Osteoporose überhand nimmt und reagieren Sie rechtzeitig. Ihre Knochen werden es Ihnen danken.

➤ Ratschläge für den Alltag

- Beachten Sie eine regelmäßige tägliche Calciumzufuhr von 1000 mg
- Essen Sie 2 x wöchentlich Seefisch
- Bewegen Sie sich regelmäßig im Freien
- Versuchen Sie durch Muskelaufbautraining Ihren Knochen zu stabilisieren
- Bemühen Sie sich zusätzlich um gesundheitliche, aber auch geistige Fitness und Koordinationstraining
- Meiden Sie Nikotin und Alkohol im Übermaß
- Beseitigen Sie gefährliche Stolperfallen in Ihrem Alltag

Selbsthilfe

Suchen Sie sich bei der Vermeidung und der Überwindung der Osteoporose Partner. Wer, wenn nicht die Betroffenen selbst, kann wissen, welche Unterstützung notwendig ist und was Erleichterung schafft?

Überwinden Sie mit Hilfe von Selbsthilfegruppen Ihre Ängste, werden Sie aktiv, werden Sie auch Mitglied im Kuratorium Knochengesundheit e.V. zur regelmäßigen wissenschaftlich korrekten Information neuster Entwicklungen. Hier finden Sie Ihren Partner, quasi Ihren Anwalt in Sachen Osteoporose.

Machen Sie sich stark und schlau: Auf S. 124 in diesem Buch finden Sie außerdem wichtige und hilfreiche Adressen und Links zum Thema Osteoporose.

Knochengesunde Ernährung im Alltag

Qual oder Genuss?

Die knochenfreundliche Kost ist keine Wunderdiät. Sie versorgt den Knochen ausreichend mit Calcium im richtigen Verhältnis zu den anderen Nährstoffen.
Hierzu ist es erforderlich Ihren individuellen Bedarf an Calcium zu ermitteln und den Calciumgehalt der Nahrungsmittel zu kennen. Das Verhältnis von Calcium zu Phosphat sollte möglichst 1 zu 1,5 bzw. 1 zu 2 nicht überschreiten.

Wieviel Calcium am Tag?

Der durchschnittliche tägliche Calciumbedarf liegt bei 1000 mg Calcium.
Im Wachstum, in der Schwangerschaft, während der Stillzeit und im höheren Lebensalter oder bei bereits vorhandener Osteoporose werden durchschnittlich 1500 mg benötigt.
Bei unseren Ernährungsgewohnheiten gelten als Hauptcalciumlieferanten Milch- und Milchprodukte. Fettarme Produkte sind hier zumeist zu bevorzugen.
Besser ist es aber den Calciumbedarf nicht nur über Milch und Milchprodukte zu decken. Zum Einen könnte es zur Übersäuerung des Körpers und damit sogar zu Knochenabbau kommen, zum Anderen leiden viele Menschen an einer Milchzuckerunverträglichkeit oder sogar an einer Kuhmilcheiweißallergie.
Es sollte also in jedem Fall angestrebt werden, auch zu anderen, eher calciumreichen Nährstoffen (grünes Gemüse, Kräuter, Nüsse) zu greifen und darüber hinaus zu beachten, dass durch die Kombinationen die Calciumaufnahme über den Darm und in den Knochen eher gefördert, in keinem Falle gehemmt wird. Auch ein übermäßiger Calcium-Verlust ist zu vermeiden.

Täglich genießen wie im Urlaub

Nun muss noch zusätzlich auf den Kalorienbedarf geachtet werden. Also bedarfsgerechte Mengen. Übergewicht ist genauso zu vermeiden, wie Untergewicht.
Das hört sich nun alles sehr theoretisch und schwierig an. Ist es aber keinesfalls.
Eine gesunde, möglichst bunte, abwechslungsreiche und vitaminreiche Kost, wie sie etwa die vegetarische oder mediterrane Küche bietet, ergänzt durch reichlich calciumreiche Mineralwässer und zweimal wöchentlich Seefisch ist für die meisten ideal. Der Markt bietet auch ergänzend Lebensmittel mit Calciumzusatz an.
Diese Kostform heißt nicht umsonst knochenfreundlich und nicht menschenfeindlich. Sie kann und ist also Genuss und gibt Ihnen darüber hinaus die Gewissheit die Stabilität Ihres Knochens zu fördern.
Aber bitte nicht nur Calcium zählen, ein regelmäßiges und intensives körperliches Trainingsprogramm darf nicht fehlen.

Kleines Osteoporose-Lexikon – Wichtiges auf einen Blick

Evidenzbasierte Behandlung: Eine moderne Behandlung sollte beweisen können, dass sie das bestmögliche für den Patienten bietet. Wir sprechen dann von einer evidenzbasierten Behandlung, wenn in großen wissenschaftlichen Studien bewiesen werden konnte, dass das Behandlungskonzept statistisch gesichert besser ist, als eine Placebo- (Schein-) behandlung. Bei der Osteoporosetherapie ist besonders zu beachten, dass in den miteinander verglichenen Behandlungsarten eine ausreichende Versorgung mit Calcium- und Vitamin D in beiden Gruppen vorhanden ist.

Hydroxylapatit: Calcium-Phosphat- Kristallgerüst des Knochens – verleiht dem Knochen Festigkeit

Kompakta: Knochenrinde

Osteoblasten: Knochenaufbauende Zellen

Osteoklasten: Knochenfreßzellen

Osteozyten: entstehen aus den Osteoblasten und regulieren den Knochenauf- und Abbau durch mechanische Reize, z. B.: Immobilisation = Knochenabbau; Muskeltraining = Aufbau

Peak bone mass: maximal erreichte Knochenmasse etwa um das 30. Lebensjahr. Danach verliert der Knochen jährlich mindestens 1 % seiner Knochenmasse. Je besser das „Bankkonto" Knochen also gefüllt wurde, desto später wird der Knochen instabil, es sei denn es kommt – etwa durch frühe Wechseljahre, Cortison oder andere den Knochen abbaufördernde Erkrankungen – zu einem übermäßigen und schnellen Verlust.

Remodeling: Der Knochen unterliegt einem regelmäßigen Umbau. Der Knochen ist also nicht nur unser Stütz- und Halteapparat, sondern quicklebendig. Zunächst kommt es durch Osteoklasten zu Knochenabbau, danach fördern die Osteoblasten den Aufbau und es wird versucht dieses „Loch" wieder mit Knochenmasse zu füllen. Anschließend wird dieser neue Knochen mineralisiert. Nach einer kurzen Ruhephase beginnt dieser Umbau wieder von vorn. Es bedeutet also der Knochen lebt, es erfolgt ein ständiger Umbau, der Knochen von gestern ist nicht mehr der von heute.
Einen solchen Umbau benötigen wir für die Anpassung an Belastungen wie Druck und Zug und zum Heilen von Knochenbrüchen.

Spongiosa: Schwammknochen im Inneren der Knochen gelegen. In den Wirbelkörpern ist der Spongiosaanteil größer als in den Röhrenknochen z. B. der Arme und Beine, deshalb besteht eine große Gefahr von Wirbelkörperbrüchen.

So einfach geht's – calciumbewusst

essen und trinken

Ich mag keine Milch und bekomme nach Milchgenuss häufig Blähungen und Durchfall. Ist es besser, meinen Calciumbedarf durch Medikamente aus der Apotheke zu decken?

Bei isolierter Milchunverträglichkeit liegt zumeist eine Milchzuckerunverträglichkeit vor. Viele Patienten meiden dann oft nicht nur die Milch, sondern auch andere Milchprodukte. Dies ist aber nicht erforderlich. Wenn Sie Milch nicht vertragen, dann lassen Sie diese weg, Sauermilchprodukte und vor allem calciumreiche Hartkäsesorten sind eine gute Alternative.

Ich mag keinen Fisch, wie decke ich meinen Vitamin D-Bedarf?

Der Vitamin D-Bedarf ist nicht nur durch die Nahrung zu decken. Der Körper ist auch in der Lage aus Cholesterin im Körper eine Vorstufe des Vitamin D zu bilden, welches unter dem Einfluss der UVB-Strahlung der Sonne zu einer Vitamin D-Grundsubstanz aufgebaut wird. Es könnte also ausreichen sich regelmäßig im Freien zu bewegen um genügend Vitamin D zu bilden. Leider ist das aber nicht ganz so einfach, denn in den Wintermonaten wird der Speicher meist aufgebraucht. Sie sollten sich deshalb um Fischgenuss bemühen, oder, wenn es gar nicht anders geht als Medikament ergänzen.

Besteht bei höherer Calciumzufuhr nicht die Gefahr einer Arterienverkalkung?

Die Ursache der Arterienverkalkung ist nicht eine erhöhte Calciumkonzentration im Blut, sondern eher Folge von Übergewicht, erhöhter Cholesterinkonzentration oder von Rauchen. Durch Calcium in der Nahrung entsteht keine Arterienverkalkung, insbesondere da sich der Körper bemüht die Calciumkonzentration im Blut konstant zu halten.

Ich habe Bluthochdruck und eine Osteoporose, worauf muss ich bei der Nahrungsauswahl besonders achten?

Bei Bluthochdruck sollte Übergewicht und eine erhöhte Salzzufuhr vermieden werden. Salz führt bei Osteoporose auch zu einem vermehrten Calciumverlust über die Niere. Sie können die Nahrung also gut würzen, aber möglichst wenig Salz nutzen. Würzen Sie mit Kräutern oder anderen Gewürzen. Bei dem Genuss calciumreicher Mineralwässer müssten sie zusätzlich auf den Na-Gehalt der Wässer achten, hier sollte das Wasser genutzt werden mit zwar hohem Calcium- aber niedrigem Natriumgehalt.

Ich bin Diabetiker und jetzt nach langer Zeit endlich auf stabile Blutzuckerwerte eingestellt – muss ich bei Osteoporose meine Kostform ändern?

Im Prinzip nicht. Sie sollten einmal Ihre Kost hinsichtlich des Calciumgehaltes berechnen. Zumeist werden von Diabetikern Milch- und Milchprodukte genutzt, dies ist also eher günstig. Auch die Fischzufuhr ist zu bevorzugen. Sollte Ihre Calciumzufuhr nun doch zu gering sein, so nutzen Sie calciumreiches Mineralwasser zusätzlich.

Ich treffe mich gern mit Freunden und trinke ein paar Gläser Alkohol. Schade ich damit meinem Knochen?

Ein übermäßiger Alkoholgenuss kann zu Erkrankungen im Bereich von Bauchspeicheldrüse oder Leber führen, nachfolgend zu verminderter Aktivierung des Vitamin D bzw. zu Verdauungsstörungen mit Durchfällen, also damit Calciumverlust über den Stuhlgang. Darüber hinaus fördert Alkohol den Calciumverlust über die Niere. Es bestehen sicher keine Bedenken, gelegentlich mit Freunden ein Glas Wein zu trinken, aber ein Übermaß schadet in jedem Fall auch dem Knochen.

Welche Gemüsesorten sollte ich als Osteoporosepatient bevorzugen?

Calcium- und Vitamin K-reiche Gemüse sind vor allem grüne Gemüse, wie Brokkoli, Grünkohl, Fenchel, Blattspinat, Lauch und Kräuter. Kopfsalat enthält zwar nicht soviel Calcium, dafür aber Vitamin K. Hülsenfrüchte einschließlich grüne Erbsen und Bohnen enthalten dagegen nur wenig Calcium.

Die Rezepte – Köstliches für starke Knochen

Sie werden überrascht sein, wie lecker und abwechslungsreich eine Ernährung ist, die speziell für die Behandlung wie auch für die wirksame Vorbeugung von Osteoporose entwickelt wurde. Rund 100 Rezepte laden zum gesunden Genießen ein.

Bei Osteoporose liegt der Calciumbedarf pro Tag durchschnittlich bei 1500 Milligramm. Die folgenden Rezepte für Frühstücke, Mittagessen und für viele der kleinen Gerichte enthalten jeweils etwa 300 Milligramm Calcium. Die noch fehlende Menge von 600 Milligramm kann leicht über die Snacks, Drinks und Desserts erreicht werden. Dabei hilft auch calciumreiches Mineralwasser. Die Angaben zum Calciumgehalt bei den Gerichten erleichtern es, den Überblick zu bewahren. In den Rezepten sind selbstverständlich auch alle die Vitamine und Substanzen enthalten, die zu einer optimalen Calciumaufnahme in die Knochen beitragen.
In diesem Sinne wünschen wir Ihnen einen „Guten Appetit"!

Haferflockenmüsli

mit frischem Obst

FÜR 2 PERSONEN

50 g kernige Vollkorn-Haferflocken
120 ml Orangensaft mit Calcium
200 g frisches Obst der Saison (z. B. Beeren, Pfirsiche, Zwetschgen)
1 großer Apfel
3 EL Zitronensaft
300 g Joghurt (1,5 % Fett)
1 EL Honig
2 EL grob gehackte Mandeln

ZUBEREITUNG: ca. 20 Min.

1. Die Haferflocken in eine Schüssel geben, mit dem Orangensaft übergießen und zugedeckt 15 Min. quellen lassen.
2. Inzwischen das Obst waschen bzw. schälen. Die Beeren ganz lassen, Pfirsiche und Zwetschgen in mundgerechte Stücke schneiden. Den Apfel ungeschält auf der Rohkostreibe sehr fein reiben. Sofort mit 1 EL Zitronensaft beträufeln.
3. Den geriebenen Apfel mit dem Joghurt und den eingeweichten Haferflocken verrühren. Mit Honig und dem restlichen Zitronensaft abschmecken.
4. Die Joghurt-Apfel-Flocken-Mischung auf 2 große Schalen verteilen. Die Früchte darauf anrichten und mit den gehackten Mandeln bestreuen. Sofort servieren.

VARIANTE

Anstelle von Joghurt können Sie zur Abwechslung auch Dickmilch verwenden. Die Mandeln lassen sich gegen Haselnüsse austauschen. Wer mag, kann unter die Joghurtmischung noch 1 TL frisch geriebene Ingwerwurzel mischen.

TIPP

Das Vitamin C fördert den Einbau von Calcium in die Knochen und ist so an der Erhöhung der Knochenfestigkeit beteiligt.

Reich an Vitamin C sind Obst und Obstsäfte sowie etliche Gemüse und Gemüsesäfte. Die Spitzenreiter beim Obst in Sachen Vitamin C: Schwarze Johannisbeeren, Sanddornbeeren, Papaya, Zitrusfrüchte, Erdbeeren und Kiwis. Beim Gemüse haben Paprika, Brokkoli, Rosenkohl, Grünkohl, Fenchel, Blumenkohl und Kohlrabi die Nase vorn.

Nährwerte pro Portion:

340 kcal • **11 g** Eiweiß • **11 g** Fett • **47 g** Kohlenhydrate • **310 mg** Calcium

Pflaumenmüsli mit Kefir

FÜR 1 PERSON
1 Mandarine
40 g getrocknete Soft-Pflaumen
150 g fettarmer Kefir (1,5 % Fett)
1 EL Magermilchpulver
1 TL flüssiger Honig
1 Messerspitze Naturvanille
2 TL Zitronensaft
3 EL Hirseflocken
1 EL gehackte Haselnüsse

ZUBEREITUNG: ca. 10 Min.

1. Die Mandarine schälen und in Spalten teilen. Die getrockneten Pflaumen in kleine Stücke schneiden.

2. Den Kefir mit Milchpulver, Honig, Vanille, Zitronensaft und Hirseflocken verrühren. Pflaumenstücke zufügen und das Müsli 5 Min. quellen lassen. Zum Servieren die Mandarinenspalten unterheben und das Müsli mit den Haselnüssen bestreuen.

Nährwerte pro Portion:

400 kcal • **14 g** Eiweiß • **7 g** Fett • **64 g** Kohlenhydrate • **311 mg** Calcium

Hafergrütze mit Nektarinen

FÜR 4 PERSONEN
450 ml Milch (1,5 % Fett)
100 g Hafergrütze
4 EL Magermilchpulver
1 TL abgeriebene Schale von 1 unbehandelten Zitrone
40 g Mandelblättchen
2 Nektarinen
1 – 2 EL Zucker

ZUBEREITUNG: ca. 20 Min.

1. Die Milch aufkochen lassen; Hafergrütze, Milchpulver und Zitronenschale einrühren und bei kleinster Hitze unter gelegentlichem Rühren 5 Min. köcheln lassen. Die Grütze von der Kochstelle nehmen und noch 10 Min. quellen lassen.

2. Mandelblättchen in einer Pfanne ohne Fett goldbraun rösten. Nektarinen waschen, trockenreiben, halbieren und entsteinen. Die Hälften in dünne Spalten schneiden. Die Grütze mit Zucker abschmecken. Mit Nektarinenspalten und Mandelblättchen anrichten.

Nährwerte pro Portion:

295 kcal • **13 g** Eiweiß • **9 g** Fett • **43 g** Kohlenhydrate • **265 mg** Calcium

Feigenkompott mit gerösteten Flocken

FÜR 1 PERSON
2 getrocknete Feigen (50 g)
1 EL Zitronensaft
1 TL Butter
1 EL brauner Zucker oder Rohzucker
2 EL ungesüßte Müsliflocken
100 g Joghurt (1,5 % Fett)
1 TL Magermilchpulver
1 EL gehackte Pistazien

ZUBEREITUNG: ca. 15 Min.
QUELLZEIT: 8 Std.

1. Die Feigen in Stücke schneiden, in einen kleinen Topf geben und mit Wasser knapp bedecken. Aufkochen lassen und von der Kochstelle nehmen. Den Zitronensaft einrühren. Die Feigen zugedeckt 8 Std. quellen lassen.

2. Butter und Zucker in einer kleinen Pfanne erhitzen, die Müsliflocken darin unter Rühren in 1–2 Min. goldbraun rösten. Joghurt mit Milchpulver glatt rühren. Feigenkompott mit Müsli und Joghurt in einem tiefen Teller anrichten. Mit den Pistazien bestreuen.

Nährwerte pro Portion:

405 kcal • **11 g** Eiweiß • **12 g** Fett • **70 g** Kohlenhydrate • **290 mg** Calcium

Exoten-Müsli

FÜR 4 PERSONEN
4 EL kernige Haferflocken
1 Papaya
1 Mango
2 EL Limetten- oder Zitronensaft
400 g Joghurt (1,5 % Fett)
3 EL Magermilchpulver
2 EL gemahlene Mandeln
2–3 EL Ahornsirup

ZUBEREITUNG: ca. 20 Min.

1. Die Haferflocken in einer Pfanne ohne Fett kurz anrösten. Papaya längs halbieren, entkernen und schälen. Die Hälften in mundgerechte Stücke schneiden. Mango schälen, das Fruchtfleisch vom Stein schneiden und in Stücke teilen. Früchte mit Limetten- oder Zitronensaft vermengen.

2. Den Joghurt mit Milchpulver und Mandeln verrühren und mit Ahornsirup abschmecken. In 4 tiefe Teller verteilen. Die Früchte darauf anrichten und mit je 1 EL gerösteten Flocken bestreuen.

Nährwerte pro Portion:

215 kcal • **8 g** Eiweiß • **6 g** Fett • **33 g** Kohlenhydrate • **226 mg** Calcium

Müsli Oriental

FÜR 2 PERSONEN
4 getrocknete Soft-Aprikosen
70 g Instant-Couscous
250 ml Orangensaft mit Calcium
2 EL Haselnusskerne
2 EL Pistazienkerne
150 g Joghurt (1,5 % Fett)
3 TL Magermilchpulver
1 TL flüssiger Honig
gemahlener Zimt
Minzeblättchen zum Garnieren

ZUBEREITUNG: ca. 15 Min.
QUELLZEIT: 8 Std.

1. Am Vorabend die Aprikosen in Stücke schneiden. Den Couscous mit Aprikosen und Orangensaft vermischen. Zugedeckt über Nacht quellen lassen.

2. Am Morgen die Haselnüsse grob hacken. Zusammen mit den Pistazien in einer kleinen Pfanne ohne Fett unter Rühren rösten, bis sie duften. Die Nussmischung unter den Couscous mischen. In Müslischalen verteilen.

3. Den Joghurt mit Milchpulver und Honig glatt rühren. Über dem Müsli verteilen und mit etwas Zimt bestäuben. Das Müsli mit Minzeblättchen garniert servieren.

VARIANTE

Den Couscous können Sie auch durch 70 g Hirseflocken ersetzen.

Nährwerte pro Portion:

335 kcal • **12 g** Eiweiß • **12 g** Fett • **44 g** Kohlenhydrate • **241 mg** Calcium

Apfel-Möhren-Müsli

FÜR 4 PERSONEN

500 g Joghurt (1,5 % Fett)
4 EL Sanddorn-Vollfrucht, gesüßt (aus dem Reformhaus)
4 TL Magermilchpulver
100 g kernige Haferflocken
2 säuerliche Äpfel
100 g Möhren
1 EL Sultaninen
40 g Leinsamen
3 EL saure Sahne (10 % Fett)

ZUBEREITUNG: ca. 10 Min.

1. Den Joghurt mit Sanddorn-Vollfrucht, Milchpulver und Haferflocken verrühren und 10 Min. quellen lassen.

2. Inzwischen die Äpfel waschen, trockenreiben, vierteln und entkernen. Die Möhren putzen und waschen. Äpfel und Möhren auf einer Rohkostreibe fein raspeln. Zusammen mit den Sultaninen und 2 EL Leinsamen unter das Müsli mischen.

3. Müsli in Schalen oder tiefen Tellern verteilen. Jeweils 1 Klecks saure Sahne obenauf setzen und mit dem restlichen Leinsamen bestreut servieren.

Nährwerte pro Portion:

265 kcal • **12 g** Eiweiß • **9 g** Fett • **34 g** Kohlenhydrate • **227 mg** Calcium

Beeren-Dickmilch mit Streuseln

FÜR 2 PERSONEN

1 Scheibe Roggen-Knäckebrot
2 EL Walnusskerne
3 EL Ahornsirup
250 g gemischte Beeren (z. B. Erdbeeren, Himbeeren, Johannisbeeren, Brombeeren)
250 g entrahmte Dickmilch
4 TL Magermilchpulver
1 EL Zitronensaft

ZUBEREITUNG: ca. 20 Min.

1. Das Knäckebrot in kleine Stücke brechen. Die Walnusskerne grob hacken. Beides in einer kleinen beschichteten Pfanne ohne Fett anrösten. Mit 1 EL Ahornsirup beträufeln, kurz weiterrösten und zum Abkühlen auf einen Teller geben.

2. Die Beeren verlesen, falls nötig behutsam waschen und abtropfen lassen. Die Dickmilch mit dem Milchpulver, dem Zitronensaft und dem restlichen Ahornsirup glatt verrühren. In zwei Schalen oder Teller füllen. Die Beeren darüber verteilen und mit den Streuseln bestreuen. Sofort servieren, da die Streusel sonst weich werden.

TIPP

Die Beeren-Dickmilch schmeckt auch gut zwischendurch oder als Spätmahlzeit. Dann reicht aber die halbe Menge.

Nährwerte pro Portion:

250 kcal • **10 g** Eiweiß • **7 g** Fett • **37 g** Kohlenhydrate • **275 mg** Calcium

Röstbrote mit Nuss-Sesam-Quark

FÜR 4 PERSONEN
50 g gehackte Haselnüsse
50 g Sesamsamen
2 Orangen | 250 g Magerquark
50 g Frischkäse (5 – 8 % Fett)
100 ml Milch (1,5 % Fett)
2 TL Magermilchpulver
3 EL calciumreiches Mineralwasser
1 EL Zitronensaft
4 Scheiben Vollkorn-Bauernbrot
ZUBEREITUNG: ca. 15 Min.

1. Die Haselnüsse und Sesamsamen nacheinander in einer kleinen Pfanne ohne Fett rösten, bis sie duften. Die Orangen gründlich schälen, so dass auch die weiße Haut entfernt ist. Die Orangen in Spalten teilen.

2. Den Quark mit Frischkäse, Milch und Milchpulver glatt rühren. Haselnüsse und Sesamsamen zufügen. So viel Mineralwasser unterrühren, dass eine streichfähige Masse entsteht. Mit Zitronensaft abschmecken. Die Brote halbieren, toasten und mit dem Quark bestreichen. Orangenspalten dazu servieren.

Nährwerte pro Portion:

340 kcal • **19 g** Eiweiß • **15 g** Fett • **32 g** Kohlenhydrate • **274 mg** Calcium

Birnen-Käse-Toast

FÜR 1 PERSON
2 Scheiben Vollkorntoast
2 TL Butter
1 Birne
2 TL Zitronensaft
1 Scheibe Emmentaler (30 g)
Pfeffer
2 TL Preiselbeeren (aus dem Glas)
ZUBEREITUNG: ca. 15 Min.

1. Die Brote im Toaster leicht rösten und mit Butter bestreichen. Den Grill einschalten. Die Birne waschen, halbieren und vom Kerngehäuse befreien. Die Hälften in Scheiben schneiden und mit Zitronensaft beträufeln.

2. Die Käsescheibe in breite Streifen schneiden. Käse und Birne abwechselnd auf die Toastbrote legen, leicht pfeffern. Unter dem Grill 2 – 3 Min. überbacken. Toast mit Preiselbeeren garnieren und sofort servieren.

Nährwerte pro Portion:

430 kcal • **16 g** Eiweiß • **20 g** Fett • **46 g** Kohlenhydrate • **385 mg** Calcium

Pumpernickel mit Radieschenquark

FÜR 2 PERSONEN

1 Bund Radieschen (ca. 150 g)
200 g Magerquark
4 TL Magermilchpulver
4 – 5 EL calciumreiches Mineralwasser
Salz, Pfeffer
2 Pumpernickel (je ca. 65 g)
200 ml Milch (1,5 % Fett)

ZUBEREITUNG: ca. 10 Min.

1. Die Radieschen putzen, waschen und möglichst klein würfeln. Den Quark mit Milchpulver verrühren, die Radieschen unterheben. So viel Mineralwasser unterrühren, dass ein cremiger Quark entsteht. Mit Salz und Pfeffer abschmecken.

2. Pumpernickelscheiben quer halbieren und mit dem Radieschenquark anrichten. Die Milch in Gläser verteilen und dazu trinken.

Nährwerte pro Portion:

290 kcal • **24 g** Eiweiß • **2 g** Fett • **43 g** Kohlenhydrate • **320 mg** Calcium

Camembert-Brötchen

FÜR 1 PERSON

2 kleine Salatblätter
2 Kirschtomaten
50 g runder Camembert (30 % Fett i.Tr.)
1 rundes Vollkornbrötchen
Pfeffer/Thymian zum Garnieren
1 TL Olivenöl

ZUBEREITUNG: ca. 10 Min.

1. Die Salatblätter oder den Rucola und die Tomaten waschen und trockentupfen. Tomaten in Scheiben schneiden. Camembert quer in zwei Scheiben teilen.

2. Das Brötchen quer halbieren. Auf die Hälften jeweils Salat legen, darauf den Käse, obenauf die Tomatenscheiben anrichten. Leicht pfeffern und mit etwas Thymian garnieren. Das Olivenöl über die Tomaten träufeln.

Nährwerte pro Portion:

245 kcal • **14 g** Eiweiß • **11 g** Fett • **19 g** Kohlenhydrate • **315 mg** Calcium

Tofu-Paprika-Aufstrich

FÜR 2 PERSONEN

1 kleine rote Paprikaschote
200 g Natur-Tofu
100 ml Soja-Drink natur oder Milch (1,5 % Fett)
2 EL helle Sojasauce
3 EL Magermilchpulver
Salz, Pfeffer
Paprikapulver, edelsüß
4 Scheiben Vollkorn-Knäckebrot

ZUBEREITUNG: ca. 15 Min.

1. Die Paprikaschote halbieren, putzen und waschen, dann möglichst fein würfeln. Den Tofu mit 6 EL Soja-Drink oder Milch, der Sojasauce und dem Milchpulver pürieren.

2. Paprikawürfel bis auf 1 EL unter die Tofumischung rühren. So viel vom restlichen Soja-Drink oder von der Milch untermischen, dass eine streichfähige Masse entsteht. Den Aufstrich mit Salz, Pfeffer und Paprikapulver abschmecken, mit den Paprikawürfeln bestreuen und mit dem Knäckebrot servieren.

Nährwerte pro Portion:

235 kcal • **17 g** Eiweiß • **6 g** Fett • **28 g** Kohlenhydrate • **310 mg** Calcium

Gouda-Gurken-Brote

FÜR 2 PERSONEN

1 Stück Salatgurke (ca. 80 g)
1 EL Crème légère
2 TL gehackter Dill oder Schnittlauchröllchen
Pfeffer
4 Scheiben dunkles Vollkornbrot
80 g Gouda (40 % Fett i.Tr.), in dünnen Scheiben

ZUBEREITUNG: ca. 10 Min.

1. Das Gurkenstück waschen und trockentupfen, etwa die Hälfte in dünne Scheiben schneiden, die andere Hälfte fein hacken. Gehackte Gurke mit Crème légère und 1 TL Dill oder Schnittlauch verrühren, leicht pfeffern und auf die Brote streichen.

2. Käsescheiben und Gurkenscheiben gleichmäßig und locker auf den Broten anrichten und mit den restlichen Kräutern bestreut servieren.

Nährwerte pro Portion:

340 kcal • **17 g** Eiweiß • **10 g** Fett • **41 g** Kohlenhydrate • **417 mg** Calcium

Angemachter Frischkäse mit Knäckebrot

FÜR 2 PERSONEN
150 g fettreduzierter Frischkäse (5 – 8 % Fett)
3 TL Magermilchpulver
100 ml Milch (1,5 % Fett)
150 g Möhren
1 Bund Petersilie
weißer Pfeffer
4 Scheiben Mehrkorn-Knäckebrot

ZUBEREITUNG: ca. 15 Min.

1. Den Frischkäse mit dem Milchpulver und der Hälfte der Milch verrühren. Die Möhren waschen, schälen, grob raspeln und unter den Käse mischen.
2. Petersilie waschen und trockenschütteln. Die Blättchen bis auf einige zum Garnieren abzupfen, fein hacken und zum Käse geben. Noch so viel von der restlichen Milch unterrühren, dass eine streichfähige Masse entsteht. Den Frischkäse mit Pfeffer abschmecken, mit den restlichen Petersilienblättchen garnieren und mit dem Knäckebrot servieren.

Nährwerte pro Portion:
180 kcal • 16 g Eiweiß • 3 g Fett • 21 g Kohlenhydrate • 223 mg Calcium

Tomatenbrot mit Basilikumcreme

FÜR 2 PERSONEN
1/2 Bund Basilikum
100 g Magerquark
3 EL Milch (1,5 % Fett)
Salz, Pfeffer
6 rote und gelbe Kirschtomaten
100 g kleine Mozzarellakugeln
2 Scheiben Roggenbrot

ZUBEREITUNG: ca. 15 Min.

1. Basilikumblätter von den Stielen zupfen, 6–8 Blätter beiseite legen, den Rest mit Quark und Milch pürieren. Falls nötig mit etwas Wasser cremig rühren. Mit Salz und Pfeffer abschmecken.
2. Die Tomaten waschen und halbieren. Die Mozzarellakugeln abtropfen lassen und halbieren. Die Brote toasten, halbieren und mit der Basilikumcreme bestreichen. Tomaten und Mozzarella darauf verteilen. Die Brote mit Basilikumblättern garnieren.

Nährwerte pro Portion:
250 kcal • 21 g Eiweiß • 9 g Fett • 21 g Kohlenhydrate • 411 mg Calcium

Herzhafte Waffeln

FÜR 2 PERSONEN

75 g weiche Butter
2 Eier
Salz
100 g Weizenvollkornmehl
1/2 TL Backpulver
40 g geriebener Bergkäse (45 % Fett i. Tr.)
2 EL gehackte Petersilie
100 g saure Sahne (10 % Fett)
Muskatnuss, frisch gerieben
Pfeffer
Öl fürs Waffeleisen

ZUBEREITUNG: ca. 20 Min.

1. Die Butter schaumig rühren. Die Eier und 1 Prise Salz zufügen und cremig schlagen. Mehl mit Backpulver vermischen. Nacheinander das Mehl, den Käse, die Petersilie und 4 EL saure Sahne unterrühren. Den Teig mit etwas Muskatnuss und Pfeffer abschmecken.

2. Das Waffeleisen auf mittlerer Stufe vorheizen und einfetten. Den Teig auf die untere Backfläche geben und nacheinander in 2–3 Min. goldgelbe Waffeln backen. Restliche saure Sahne glatt rühren und zu den Waffeln servieren.

VARIANTE

Sie können den Bergkäse durch andere würzige Käsesorten austauschen. Statt der Petersilie schmecken Schnittlauch, Basilikum oder gemischte Kräuter.

Nährwerte pro Portion:

660 kcal • **20 g** Eiweiß • **50 g** Fett • **32 g** Kohlenhydrate • **272 mg** Calcium

Petersiliencreme mit Ziegenkäse

FÜR 2 PERSONEN
40 g Mandelkerne
1 Schalotte
1 Bund Petersilie
100 g Ziegenfrischkäse (45 % Fett i.Tr.)
4–5 EL Milch (1,5 % Fett)
Salz, weißer Pfeffer
2 Scheiben Roggenschrotbrot
4 Kirschtomaten

ZUBEREITUNG: ca. 20 Min.

1. Die Mandeln in einer kleinen Pfanne ohne Fett unter gelegentlichem Rühren hellbraun rösten. Abkühlen lassen.
2. Die Schalotte abziehen und sehr klein würfeln. Die Petersilie waschen, trockenschütteln, die Blättchen abzupfen und, bis auf einige zum Garnieren, fein hacken. Die gerösteten Mandeln fein mahlen.
3. Ziegenfrischkäse mit der Milch cremig rühren. Mit Mandeln, Schalotte und Petersilie vermischen. Falls nötig noch etwas Wasser unterrühren, so dass eine streichfähige Creme entsteht. Mit Salz und Pfeffer abschmecken.
4. Die Brote halbieren, nach Belieben toasten und mit der Petersiliencreme bestreichen. Tomaten waschen und halbieren. Auf die Creme setzen und mit den übrigen Petersilienblättchen bestreut servieren.

Nährwerte pro Portion:

360 kcal • **19 g** Eiweiß • **23 g** Fett • **20 g** Kohlenhydrate • **333 mg** Calcium

Garnierter Schafkäseteller

FÜR 4 PERSONEN
1 kleine Gärtnergurke oder 1/2 Salatgurke
2 Tomaten
Pfeffer
300 g Feta (40 % Fett i.Tr.)
Paprikapulver, edelsüß
50 g grüne Oliven, nach Belieben

ZUBEREITUNG: ca. 10 Min.

1. Die Salatgurke waschen, trockentupfen und in Scheiben schneiden. Tomaten waschen und vierteln. Beides leicht pfeffern. Den Feta in gleich große Scheiben schneiden.
2. Käse in der Mitte der Teller anrichten und mit etwas Paprikapulver bestäuben. Mit Gurke, Tomaten und den nach Belieben halbierten Oliven umlegen.

TIPP

Sesamkringel oder Sesamfladen schmecken ebenso gut dazu wie Vollkornbrot oder Vollkornbrötchen.

VARIANTE

Mit Schafkäse können Sie neue süß-salzige Geschmacksnuancen entdecken: Sesamfladen mit Schafkäsescheiben belegen, dann mit Honig beträufeln oder Konfitüre bestreichen.

Nährwerte pro Portion:

190 kcal • **14 g** Eiweiß • **14 g** Fett • **1 g** Kohlenhydrate • **396 mg** Calcium

Schinken-Käse-Muffins

FÜR 6 STÜCK
50 g roher Schinken (z. B. Schwarzwälder)
50 g Gouda (40 % Fett i. Tr.)
1/2 Bund Schnittlauch
Fett für die Förmchen
50 g weiche Butter
2 Eier
150 g Joghurt (1,5 % Fett)
3 gestrichene TL Backpulver
220 g Weizenvollkornmehl
1 Muffinblech

ZUBEREITUNG: ca. 20 Min.
BACKZEIT: 25 Min.

1. Den Schinken in kleine Würfel schneiden, den Käse reiben. Schnittlauch waschen, trockenschütteln und in feine Röllchen schneiden.

2. Den Backofen auf 200° vorheizen. 6 Muffinförmchen einfetten. Die Butter schaumig rühren. Erst die Eier zufügen und cremig schlagen, dann den Joghurt unterziehen. Das Backpulver mit dem Mehl vermischen. Mehl, Schinken, Käse und Schnittlauch kurz unterrühren.

3. Den Teig in die gefetteten Muffinförmchen füllen und im Ofen (Mitte, Umluft 180°) in ca. 25 Min. goldbraun backen. Muffins aus dem Ofen nehmen, abkühlen lassen und aus den Mulden nehmen.

Nährwerte pro Stück:

135 kcal • **5 g** Eiweiß • **8 g** Fett • **12 g** Kohlenhydrate • **63 mg** Calcium

Käseomelette mit Kresse

FÜR 2 PERSONEN
1 Kästchen Gartenkresse
3 Eier
3 EL calciumreiches Mineralwasser
Salz, weißer Pfeffer
40 g Parmesan, frisch gerieben
20 g Butter

ZUBEREITUNG: ca. 20 Min.

1. Die Kresse waschen, trockenschütteln und vom Beet schneiden. Die Eier mit Mineralwasser, Salz, Pfeffer, 30 g Parmesan und zwei Drittel der Kresse schaumig rühren.

2. Die Butter in einer beschichteten Pfanne erhitzen. Die Eiermasse in die Pfanne gießen und in ca. 4 Min. bei milder Hitze stocken lassen.

3. Das Käseomelette mit dem restlichen Parmesan und der übrigen Kresse bestreuen. Heiß servieren.

TIPP

Greifen Sie zu, wenn es im Frühjahr und Herbst Brunnenkresse gibt: Sie enthält 180 mg Calcium pro 100 Gramm. Brunnenkresse hat ein noch kräftigeres Aroma als Gartenkresse, erinnert im Geschmack an Rettich.

Nährwerte pro Portion:

285 kcal • **18 g** Eiweiß • **23 g** Fett • **1 g** Kohlenhydrate • **311 mg** Calcium

Löwenzahn

mit Mozzarella und Kirschtomaten

FÜR 2 PERSONEN

100 g zarter Löwenzahn
50 g Rucola
100 g Kirschtomaten
1 kleine Schalotte
125 g kleine Mozzarellakugeln (Abtropfgewicht)
1/2 TL Senf
Salz, schwarzer Pfeffer
2 TL Aceto balsamico
2 EL Gemüsebrühe
1 EL Olivenöl
1 EL grob gehackte Petersilie
4 Scheiben Mehrkornbaguette

ZUBEREITUNG: ca. 20 Min.

1. Löwenzahn und Rucola waschen und trockenschütteln. Die Löwenzahnblätter in Stücke teilen. Vom Rucola harte Blattstiele entfernen. Die Tomaten waschen, abtrocknen und halbieren. Die Schalotte abziehen und sehr fein hacken. Die Mozzarellakugeln abtropfen lassen und halbieren.

2. Aus Senf, Salz, Pfeffer, Essig, Gemüsebrühe und dem Olivenöl eine Marinade rühren. Löwenzahn, Rucola und Schalotte in einer Schüssel mit zwei Drittel der Marinade vermischen. Den Salat auf Tellern anrichten.

3. Die Tomaten- und Mozzarellahälften auf dem Salat verteilen und mit der restlichen Marinade beträufeln. Mit etwas Pfeffer übermahlen und mit Petersilie bestreut servieren. Das Baguette zum Salat essen.

INFO

Vor allem Rucola und Löwenzahnblätter enthalten in der Gruppe der Blattsalate reichlich Calcium.

VARIANTE

Falls Sie keinen Löwenzahn bekommen, können Sie auch Chicorée oder Chinakohl verwenden. Zur Abwechslung statt des Mozzarella auch mal gewürfelten Ziegenfrischkäse nehmen.

Nährwerte pro Portion:

240 kcal • **15 g** Eiweiß • **17 g** Fett • **6 g** Kohlenhydrate • **546 mg** Calcium

Salat mit Roquefortdressing und Oliven

FÜR 4 PERSONEN

400 g Romanasalat
1 Bund Radieschen
1 kleine rote Zwiebel
80 g Roquefort
4 EL saure Sahne (10 % Fett)
4 EL Milch (1,5 % Fett)
Salz, Pfeffer
2–3 TL Zitronensaft oder Weißweinessig
2 EL Basilikumblätter, in Streifen geschnitten
50 g kleine grüne Oliven (ohne Stein)

ZUBEREITUNG: ca. 20 Min.

1. Romanasalat waschen, trockenschleudern und die Blätter in mundgerechte Stücke zerpflücken. Radieschen waschen, putzen und in Scheiben schneiden. Die Zwiebel abziehen, vierteln und in dünne Streifen schneiden.
2. Den Roquefort mit einer Gabel zerdrücken, mit der sauren Sahne und der Milch cremig rühren. Mit Salz, Pfeffer und Zitronensaft oder Essig abschmecken.
3. Zum Servieren Salatblätter, Radieschen, Zwiebel, Basilikumstreifen und die Oliven in einer Schüssel vermengen. Mit dem Käsedressing beträufeln.

VARIANTE

Statt Romanasalat können Sie auch anderen Salat mit kräftigen Blättern, z. B. Eisbergsalat oder Chicorée, verwenden. Das Käsedressing passt ebenso für Salat aus Paprika, Tomaten und Gurken.

Nährwerte pro Portion:

135 kcal • **7 g** Eiweiß • **10 g** Fett • **5 g** Kohlenhydrate • **225 mg** Calcium

Käsesalat mit Trauben und Nüssen

FÜR 2 PERSONEN

150 g Appenzeller (20 % Fett i. Tr.)
150 g Staudensellerie
100 g blaue Weintrauben
Salz, Pfeffer
1/2 TL mittelscharfer Senf
1 EL Weißweinessig
1 EL Sonnenblumenöl
1 EL Walnussöl
1 EL Walnusskerne
einige Salatblätter für die Garnitur, z. B. Eichblattsalat
1 EL gehackte Petersilie

ZUBEREITUNG: ca. 30 Min.

1. Den Käse ohne Rinde in feine Streifen schneiden. Den Staudensellerie waschen, putzen und in feine Würfel schneiden. Die Trauben waschen, trockentupfen, halbieren und entkernen. Käse, Sellerie und Trauben in eine Schüssel geben.
2. Salz, Pfeffer, Senf, Essig und Öl zu einer Salatsauce verquirlen. Die Sauce über die Käse-Sellerie-Trauben-Mischung gießen und die Zutaten behutsam mischen. Zugedeckt 10 Min. bei Zimmertemperatur ziehen lassen.
3. Inzwischen die Walnüsse grob hacken. Die Salatblätter waschen, trockenschleudern und auf zwei Tellern verteilen. Die Petersilie unter den Käsesalat mischen. Salat auf den Blättern anrichten und mit den Walnüssen bestreut servieren.

TIPP

Als Beilage passt ein kräftiges Vollkornbrot.

Nährwerte pro Portion:

370 kcal • **21 g** Eiweiß • **27 g** Fett • **11 g** Kohlenhydrate • **641 mg** Calcium

Möhren-Sauerkraut-Rohkost

FÜR 2 PERSONEN
2 EL Erdnusskerne
5 frische Petersilienzweige
150 g frisches Sauerkraut
200 g Möhren
1 EL Nuss- oder Rapsöl
1 EL Zitronensaft
3 EL Sahne
1 TL Ahornsirup
Salz, Pfeffer

ZUBEREITUNG: ca. 15 Min.

1. Die Erdnusskerne grob hacken, in einer beschichteten Pfanne ohne Fett goldgelb rösten. Petersilie waschen, trockenschütteln, die Blättchen grob hacken. Sauerkraut grob zerschneiden und auflockern.

2. Möhren putzen, schälen und grob raspeln. Öl in der Pfanne erhitzen, die Möhren darin unter Rühren 1 Min. andünsten. Mit Zitronensaft vermischen.

3. Möhren mit Sauerkraut, Petersilie, Sahne und Ahornsirup vermischen. Den Salat mit Salz und Pfeffer abschmecken. Mit Erdnusskernen bestreut servieren.

VARIANTE

Bereiten Sie den Salat auch mal mit anderen Nüssen zu. Zum Beispiel mit Haselnüssen, Walnüssen, Macadamianüssen oder auch Mandeln – allesamt enthalten sie reichlich Calcium.

TIPP

Die Rohkost lässt sich prima mit an den Arbeitsplatz nehmen. Dafür in ein Gefäß mit gut schließendem Deckel füllen und bis zum Essen gekühlt aufbewahren.

Nährwerte pro Portion:

210 kcal • **4 g** Eiweiß • **17 g** Fett • **10 g** Kohlenhydrate • **79 mg** Calcium

Brennnesselkäse auf Pumpernickel

FÜR 4 PERSONEN
150 g junge frische Brennnesseln
Salz
250 g Magerquark
70 g Bergkäse, frisch gerieben
bunter Pfeffer aus der Mühle
100 g Pumpernickeltaler

ZUBEREITUNG: ca. 30 Min.

1. Die Brennnesselblätter von den Stielen zupfen und verlesen. Die Blätter in kochendem Salzwasser 1 Min. blanchieren. Kalt abschrecken, in einem Sieb abtropfen lassen, dann trockentupfen und fein hacken.

2. Den Quark portionsweise in einem Küchentuch gut ausdrücken. Quark, Bergkäse und Brennnesseln vermischen. Mit Salz und Pfeffer abschmecken. Brennnesselkäse bis zum Servieren kalt stellen.

3. Den Brennnesselkäse mit zwei angefeuchteten Esslöffeln zu Nocken formen und auf die Pumpernickeltaler setzen. Mit einem Hauch Pfeffer übermahlen.

INFO

Ungewöhnlich, aber gut für die Calciumbilanz. 100 g Brennnesseln enthalten von dem wichtigen Mineralstoff 713 mg.

Nährwerte pro Portion:

160 kcal • **16 g** Eiweiß • **6 g** Fett • **12 g** Kohlenhydrate • **479 mg** Calcium

Makrelencreme auf Frühlingszwiebeln

FÜR 1 PERSON

1 geräuchertes Makrelenfilet (ca. 150 g)
1 TL kleine Kapern
50 g fettreduzierter Frischkäse (5 – 8 % Fett)
1 TL helle Sojasauce
1 TL Ahornsirup
schwarzer Pfeffer
2 Frühlingszwiebeln
1 Kirschtomate

ZUBEREITUNG: ca. 20 Min.

1. Vom Makrelenfilet eventuell die Haut und noch vorhandene Gräten entfernen. Das Filet in Stücke teilen. Die Kapern fein hacken.
2. Makrelenstücke und Frischkäse in einer Schüssel mit der Gabel nicht zu fein zerdrücken. Kapern unterheben. Die Creme mit Sojasauce, Ahornsirup und Pfeffer abschmecken.
3. Frühlingszwiebeln waschen, putzen und in feine Ringe schneiden. In die Mitte eines Tellers legen. Die Makrelencreme obenauf setzen. Tomate waschen, halbieren und die Makrelencreme damit garnieren.

VARIANTE

Die Creme mit geräuchertem Heilbutt oder geräucherter Forelle zubereiten. Die rohen Frühlingszwiebeln gegen kurz blanchierte Lauchringe austauschen.

INFO

Die Makrele gehört zu den Seefischen, die viel Vitamin D enthalten. Und somit den Einbau von Calcium in die Knochen unterstützt. Reich an Vitamin D sind auch Hering, Lachs, Heilbutt und Tunfisch.

Nährwerte pro Portion:

410 kcal • **38 g** Eiweiß • **25 g** Fett • **8 g** Kohlenhydrate • **92 mg** Calcium

Sesamgrissini mit Schnittlauchdip

FÜR 2 PERSONEN

225 g Mehl und Mehl zum Arbeiten
1/2 Päckchen Trockenhefe
Salz
1 EL Olivenöl
2 TL Sesamsamen
1 TL Paprikapulver, edelsüß
100 g fettreduzierter Frischkäse (5 – 8 % Fett)
4 EL Parmesan, frisch gerieben
5 – 6 EL Milch (1,5 % Fett)
3 EL Schnittlauchröllchen
Pfeffer
Backpapier

ZUBEREITUNG: ca. 25 Min.
RUHEZEIT: 1 Std.
BACKZEIT: 25 Min.

1. Mehl, Hefe, 1/2 TL Salz, 75 ml lauwarmes Wasser und Öl zu einem glatten Teig verkneten. Zugedeckt an einem warmen Platz 1 Std. gehen lassen.
2. Backofen auf 200° vorheizen. Auf einer bemehlten Arbeitsfläche den Teig vierteln. Jedes Viertel in vier Stücke schneiden und jedes Teigstück zu einer 15 – 18 cm langen Rolle formen.
3. Teigrollen auf ein mit Backpapier ausgelegtes Backblech legen. Mit Wasser bepinseln und mit Sesamsamen und Paprika bestreuen. Im Ofen (Mitte, Umluft 180°) in ca. 25 Min. goldbraun und knusprig backen.
4. Frischkäse mit Parmesan, Milch und eventuell 1 – 2 EL Wasser glatt rühren. Schnittlauch untermischen, mit Pfeffer abschmecken. Zu den Grissini servieren.

Nährwerte pro Portion:

565 kcal • **26 g** Eiweiß • **14 g** Fett • **83 g** Kohlenhydrate • **286 mg** Calcium

Sauerrahmmousse

mit Graved Lachs

FÜR 4 PERSONEN

150 g feste Zucchini
Salz, weißer Pfeffer
5 Blatt Gelatine
10 Scheiben Graved Lachs (ca. 250 g)
200 g saure Sahne (10 % Fett)
200 g Joghurt (1,5 % Fett)
3 EL Magermilchpulver
1 EL Zitronensaft
2 EL Weißweinessig
1 EL Öl
50 g Keta-Kaviar
4 Timbalförmchen

ZUBEREITUNG: ca. 35 Min.
KÜHLZEIT: 2 Std.

1. Timbalförmchen oder andere Portionsförmchen mit Wasser füllen, für 15 Min. ins Tiefkühlgerät stellen. Zucchini waschen, putzen und ein Stück von ca. 50 g abschneiden. Das Zucchinistück auf einer Gemüsereibe raspeln, leicht salzen und pfeffern.
2. Die Gelatine 5 Min. in kaltem Wasser einweichen. 2 Scheiben Graved Lachs zuerst in Streifen, dann in kleine Stücke schneiden. Die saure Sahne mit dem Joghurt und dem Milchpulver glatt rühren.
3. Gelatine ausdrücken und bei schwacher Hitze auflösen, 1 EL Sahne-Joghurt-Mischung unterrühren, dann den Rest darunter mischen. Zucchiniraspel und Lachsstückchen einrühren. Die Masse mit Salz, Pfeffer und etwas Zitronensaft abschmecken.
4. Das Wasser aus den Timbal- oder Portionsförmchen gießen. Die Lachsmasse in die Förmchen füllen, glatt streichen und mit Frischhaltefolie bedeckt zum Gelieren ca. 2 Std. in den Kühlschrank stellen.
5. Zum Servieren das übrige Zucchinistück klein würfeln. Essig, je 1 Prise Salz und Pfeffer und das Öl zu einer Marinade verrühren. Zucchiniwürfel darin wenden. Die Mousse auf Teller stürzen. Übrige Lachsscheiben und die Zucchiniwürfel drumherum anrichten. Die Mousse mit Keta-Kaviar garnieren.

VARIANTE

Wer nicht so sehr auf sein Gewicht achten muss, kann die Mousse auch nur mit saurer Sahne zubereiten. Den Graved Lachs können Sie gegen Räucherlachs austauschen, die Zucchini gegen ein Stück Gärtnergurke.

INFO

Das Vitamin D aus dem Lachs fördert die Verwertung des Calciums, das in der Sauerrahmmousse enthalten ist.

Nährwerte pro Portion:

355 kcal • **29 g** Eiweiß • **23 g** Fett • **8 g** Kohlenhydrate • **191 mg** Calcium

Sellerie-Apfel-Suppe

FÜR 2 PERSONEN

200 g Knollensellerie
1 mehlig kochende Kartoffel (ca. 70 g)
1 Schalotte
1/2 EL Sonnenblumenöl
200 ml Gemüsebrühe
250 ml Milch (1,5 % Fett)
Salz, schwarzer Pfeffer
1 großer rotschaliger Apfel
1 EL Zitronensaft
1 TL frischer gehackter Thymian und Thymian zum Garnieren
70 ml Orangensaft mit Calcium

ZUBEREITUNG: ca. 35 Min.

1. Sellerie und Kartoffel schälen, waschen und in kleine Würfel schneiden. Schalotte abziehen, fein würfeln. Öl erhitzen, die Schalotte darin glasig dünsten. Sellerie und Kartoffel dazugeben, kurz mitdünsten. Gemüsebrühe und Milch angießen. Suppe mit Salz und Pfeffer würzen. Zugedeckt bei schwacher Hitze zunächst ca. 10 Min. garen.

2. Den Apfel waschen, vierteln und entkernen. Drei Apfelviertel schälen und würfeln. Übriges Apfelviertel ungeschält würfeln, mit 1/2 EL Zitronensaft mischen, beiseite stellen. Geschälte Apfelwürfel mit dem gehackten Thymian zur Suppe geben, weitere 10 Min. garen, bis das Gemüse weich ist.

3. Die Suppe fein pürieren, dabei den Orangensaft und den übrigen Zitronensaft zugießen. Suppe mit den restlichen Apfelwürfeln und etwas Thymian bestreut servieren.

Nährwerte pro Portion:

180 kcal • **5 g** Eiweiß • **6 g** Fett • **24 g** Kohlenhydrate • **212 mg** Calcium

Gemüsebrühe mit Frischkäseklößchen

FÜR 2 PERSONEN

1/2 Bund Petersilie
150 g Frischkäse (Magerstufe, weniger als 10 % Fett)
50 g Vollkorn-Semmelbrösel
2 Eigelbe
Salz, Pfeffer
Muskatnuss, frisch gerieben
250 g Zuckerschoten
500 ml kräftige Gemüsebrühe

ZUBEREITUNG: ca. 25 Min.

1. Petersilie waschen, trockenschütteln, die Blätter abzupfen und fein hacken. Frischkäse mit 1 EL Semmelbrösel verrühren. Eigelbe einzeln unterrühren, dann die restlichen Brösel unterkneten. Mit Salz, Pfeffer und Muskat abschmecken. Aus der Masse mit angefeuchteten Händen haselnussgroße Klößchen formen.
2. Zuckerschoten waschen, putzen und schräg in breite Streifen schneiden. Salzwasser aufkochen, die Klößchen ins kochende Wasser legen. Bei schwacher Hitze 10 Min. garen.
3. Die Gemüsebrühe aufkochen, Zuckerschoten zugeben und 3–4 Min. garen. Frischkäseklößchen aus dem Wasser heben und in Suppenteller verteilen, Zuckerschoten und Gemüsebrühe dazugeben.

TIPP

Frischkäse und Eigelbe sollten Raumtemperatur haben, da sich die einzelnen Zutaten dann besser verbinden.

Nährwerte pro Portion:

320 kcal • **39 g** Eiweiß • **16 g** Fett • **65 g** Kohlenhydrate • **216 mg** Calcium

Fenchel-Minze-Suppe

FÜR 2 PERSONEN

400 g Fenchelknollen mit Grün
1 Knoblauchzehe
10 Minzeblätter
1 EL Olivenöl
Salz
250 ml Gemüsebrühe
weißer Pfeffer
1–2 TL Zitronensaft

ZUBEREITUNG: ca. 35 Min.

1. Den Fenchel putzen, waschen, vierteln und in dünne Streifen schneiden. Zartes Fenchelgrün beiseite legen. Knoblauch schälen und fein würfeln. Die Minze waschen, 5 Blätter grob hacken.
2. Das Öl erhitzen. Knoblauch und Minze darin leicht anbraten. Fenchel hinzufügen und unter Rühren 5 Min. andünsten, salzen. Brühe angießen, aufkochen und den Fenchel zugedeckt in 15–20 Min. weich köcheln lassen.
3. Fenchel in ein Sieb gießen, die Brühe dabei auffangen. Fenchel mit 300 ml Brühe, 2 EL Fenchelgrün und der restlichen Minze fein pürieren. Aufkochen und so viel von der übrigen Brühe einrühren, dass die Suppe eine cremige Konsistenz bekommt. Mit Salz, Pfeffer und Zitronensaft abschmecken und mit dem Fenchelgrün garnieren.

TIPP

Die Suppe können Sie warm servieren, an heißen Tagen schmeckt sie auch gekühlt.

Nährwerte pro Portion:

125 kcal • **4 g** Eiweiß • **8 g** Fett • **8 g** Kohlenhydrate • **227 mg** Calcium

Käse-Tomaten-Spießchen

FÜR 1 PERSON

4 Kirschtomaten

4 kleine Mozzarellakugeln (ca. 80 g)

60 g Edamer (30 % Fett i. Tr.) am Stück

8 Basilikumblättchen

2 Holz- oder Metallspieße

ZUBEREITUNG: ca. 10 Min.

1. Die Tomaten waschen und trockenreiben. Die Mozarellakugeln abtropfen lassen und den Edamer in 4 möglichst gleich große Würfel schneiden.
2. Abwechselnd Mozzarella, Tomaten, Basilikumblättchen und Edamer auf die Spieße stecken.

INFO

Als calciumreiche Spätmahlzeit sind die Spießchen bestens geeignet. Im Handumdrehen zubereitet und appetitlich fürs Auge.

Nährwerte pro Portion:

335 kcal • **32 g** Eiweiß • **22 g** Fett • **0 g** Kohlenhydrate • **986 mg** Calcium

Mini-Käseteller

FÜR 1 PERSON

1 kleine Kiwi

1 Scheibe Hobelkäse oder Maaslander (30 g, 50 % Fett i. Tr.)

3 Walnusskerne

ZUBEREITUNG: ca. 5 Min.

1. Die Kiwi schälen und in Scheiben oder Würfel schneiden. Die Käsescheibe in breite Streifen teilen. Käsestreifen, Kiwistücke und die Walnusskerne auf einem kleinen Teller anrichten.

INFO

So ein Käsesnack ist ideal als Spätmahlzeit oder für Zwischendurch. Das Vitamin C aus der Kiwi fördert die Verwertbarkeit des Calciums.

Nährwerte pro Portion:

190 kcal • **10 g** Eiweiß • **15 g** Fett • **5 g** Kohlenhydrate • **250 mg** Calcium

Joghurtsnack mit Hagebuttenmark

FÜR 1 PERSON
150 g Joghurt (1,5 % Fett)
2 TL Hagebuttenmark (aus dem Glas)
1 EL Ahornsirup
1 EL Zitronensaft
1 EL Haselnussblättchen
ZUBEREITUNG: ca. 5 Min.

1. Den Joghurt in einer kleinen Schüssel glatt rühren. Das Hagebuttenmark mit dem Ahornsirup und dem Zitronensaft gründlich vermischen.
2. Hagebuttenmark mit einer Gabel locker unter den Joghurt ziehen, so dass eine Marmorierung entsteht. Den Joghurt mit Haselnussblättchen bestreuen.

INFO

Hagebutten liefern in der Lebensmittelgruppe Obst und Wildfrüchte das meiste Calcium. Mit Hagebuttenmark kann man Süßes, aber auch Herzhaftes zubereiten. Hagebuttenmark schmeckt z.B. gut zu Fleisch- und Wildgerichten.

Nährwerte pro Portion:
185 kcal • 6 g Eiweiß • 6 g Fett • 27 g Kohlenhydrate • 227 mg Calcium

Mandeldickmilch mit Ingwer

FÜR 1 PERSON
100 g entrahmte Dickmilch
2 EL gemahlene Mandeln
1 EL Orangen- oder Zitronensaft
1 Stück frische Ingwerwurzel (ca. 1 cm)
1 Messerspitze gemahlener Kardamom
ZUBEREITUNG: ca. 5 Min.

1. Die Dickmilch mit den Mandeln und dem Orangen- oder Zitronensaft in einer kleinen Schüssel glatt rühren.
2. Das Ingwerstück schälen und fein reiben. Frischen Ingwer oder etwas Ingwerpulver unter die Dickmilch rühren. Mit dem Kardamom bestäuben.

Nährwerte pro Portion:
150 kcal • 7 g Eiweiß • 11 g Fett • 6 g Kohlenhydrate • 177 mg Calcium

Kartoffelpuffer mit Parmesancreme

FÜR 2 PERSONEN

6 TK-Kartoffelpuffer (für die Backofenzubereitung)
1 kleine Tomate
150 g Quarkzubereitung (0,2 g Fett)
40 g Parmesan, frisch gerieben
1 EL gehackte Petersilie
weißer Pfeffer

ZUBEREITUNG: ca. 10 Min.
BACKZEIT: 15 Min.

1. Den Backofen auf 220° vorheizen. Die Kartoffelpuffer auf ein Backofenrost legen. Im Ofen (Mitte, Umluft 200°) nach Packungsangabe in 12–15 Min. goldbraun und knusprig backen.
2. Inzwischen die Tomate waschen, Stielansatz entfernen und klein würfeln. Die Quarkzubereitung mit dem Parmesan und der Petersilie verrühren. Mit Pfeffer abschmecken. Tomatenwürfel obenauf streuen. Die Parmesancreme mit den Kartoffelpuffern servieren.

INFO

Der Hartkäse Parmesan ist besonders reich an Calcium. Ähnlich viel beinhalten auch die Schnittkäsesorten Lindenberger, Hobelkäse und Bergkäse, die aber einen höheren Fettgehalt haben.

Nährwerte pro Portion:

335 kcal • 11 g Eiweiß • 5 g Fett • 13 g Kohlenhydrate • 185 mg Calcium

Schafkäse und Tomaten aus dem Ofen

FÜR 4 PERSONEN

300 g Feta (40 % Fett i.Tr.)
3 EL Olivenöl
1 TL getrockneter Oregano
1 Messerspitze abgeriebene Schale von 1 unbehandelten Zitrone
Salz, Pfeffer
1 kleine Knoblauchzehe
500 g mittelgroße aromatische Tomaten
1/2 TL Puderzucker
Basilikum zum Garnieren

ZUBEREITUNG: ca. 15 Min.
BACKZEIT: 12 Min.

1. Den Feta trockentupfen und in vier Stücke teilen. 2 EL Olivenöl mit Oregano, Zitronenschale, etwas Salz und Pfeffer verquirlen. Den Knoblauch abziehen und zum Würzöl drücken. Die Tomaten waschen, trockenreiben und halbieren.
2. Den Backofen auf 220° vorheizen. Eine Gratinform mit 1 EL Öl einfetten. Die Schnittflächen der Tomaten mit Puderzucker bestäuben. Tomatenhälften mit der Schnittfläche nach unten und die Käsestücke in die Form setzen. Beides mit dem Würzöl bestreichen.
3. Im heißen Ofen (Mitte, Umluft 180°) zunächst 10 Min. backen. Dann die Form auf die obere Schiene schieben und weitere 2 Min. backen. Mit Basilikumblättchen bestreuen.

INFO

Feta, den Frischkäse, gibt es von 40 bis 55 % Fett in der Trockenmasse. Wählen Sie am besten immer die niedrigste Fettstufe, denn desto höher ist dabei der Calciumgehalt. Etwa 60 g Feta (40 % Fett i.Tr.) bringen Ihnen rund 300 mg Calcium.

Nährwerte pro Portion:

255 kcal • 14 g Eiweiß • 21 g Fett • 2 g Kohlenhydrate • 378 mg Calcium

Brombeer-Smoothie

FÜR 2 GLÄSER
250 g Brombeeren
1 TL Zitronensaft
1 EL Puderzucker
1 TL Vanillezucker
400 ml eiskalte Milch (1,5 % Fett)
50 g Magerquark
100 g Vanilleeiscreme
2 kleine Holzspieße

ZUBEREITUNG: ca. 15 Min.

1. Die Brombeeren verlesen, unter kaltem Wasser abbrausen und mit Küchenpapier trockentupfen. 6 Beeren für die Garnitur beiseite legen.
2. Restliche Brombeeren mit Zitronensaft, Puderzucker, Vanillezucker und etwa der Hälfte der Milch im Mixer aufmixen. Restliche Milch, Quark und Vanilleeiscreme kräftig untermixen.
3. Brombeer-Smoothie auf 2 große Bechergläser verteilen. Je 3 beiseite gelegte Beeren auf einen kleinen Spieß stecken und über das Glas legen. Den Drink sofort servieren.

VARIANTE

Auch Himbeeren oder Erdbeeren eignen sich bestens für den Drink.

Nährwerte pro Portion:

290 kcal • **13 g** Eiweiß • **9 g** Fett • **36 g** Kohlenhydrate • **374 mg** Calcium

Blutorangen-Kefir

FÜR 2 GLÄSER
1 Blutorange
500 ml Kefir
2 gehäufte EL Magermilchpulver
1/2 Päckchen Vanillezucker
2 dicke Trinkhalme

ZUBEREITUNG: ca. 5 Min.

1. Die Blutorange auspressen. Den Blutorangensaft mit etwa der Hälfte des Kefirs, dem Milchpulver und dem Vanillezucker im Mixer oder mit dem Stabmixer kräftig aufmixen.
2. Den restlichen Kefir zufügen und kurz untermixen. In zwei hohe Bechergläser füllen und mit dicken Trinkhalmen servieren.

Nährwerte pro Portion:

205 kcal • **12 g** Eiweiß • **4 g** Fett • **24 g** Kohlenhydrate • **415 mg** Calcium

Pfirsich-Mandel-Shake

FÜR 2 GLÄSER

1 reifer Pfirsich (ersatzweise 1 Nektarine)
400 ml Milch (1,5 % Fett)
2 TL Magermilchpulver
2 TL Mandelmus (aus dem Glas)
einige Spritzer Zitronensaft

ZUBEREITUNG: ca. 10 Min.

1. Den Pfirsich waschen, halbieren, entsteinen und in Stücke schneiden. Mit der Hälfte der Milch pürieren.
2. Die restliche Milch, das Milchpulver und das Mandelmus zufügen und untermixen. Den Shake mit Zitronensaft abschmecken. In 2 Gläser verteilen und sofort servieren.

Nährwerte pro Portion:

165 kcal • **10 g** Eiweiß • **6 g** Fett • **18 g** Kohlenhydrate • **309 mg** Calcium

Mango-Lassi mit Zitrone

FÜR 1 GLAS

150 g Joghurt (1,5 % Fett)
100 ml calciumreiches Mineralwasser
2 EL Mango-Vollfrucht, ungesüßt (aus dem Reformhaus)
2 EL Zitronensaft
1 EL Ahornsirup
Zitronenmelisse zum Garnieren

ZUBEREITUNG: ca. 5 Min.

1. Den Joghurt mit Mineralwasser, Mango-Vollfrucht und Zitronensaft mit einem Schneebesen oder mit einem Pürierstab kräftig aufschlagen, so dass die Oberfläche schaumig wird.
2. Mango-Lassi mit Ahornsirup abschmecken, in ein großes Becherglas gießen und mit Zitronenmelisse garnieren.

VARIANTE

Anstelle von Mango den Drink auch mal mit anderen Vollfrucht-Sorten zubereiten.

Nährwerte pro Portion:

150 kcal • **5 g** Eiweiß • **3 g** Fett • **25 g** Kohlenhydrate • **261 mg** Calcium

Bananen-Minze-Milch

FÜR 2 GLÄSER
1 – 2 Zweige frische Minze
1 reife Banane
400 g Dickmilch, entrahmt
1 TL Vanillezucker
calciumreiches Mineralwasser zum Aufgießen

ZUBEREITUNG: ca. 10 Min.

1. Die Minze waschen und trockenschütteln. Die Blätter abzupfen und bis auf einige zum Garnieren grob hacken. Die Banane schälen und in Stücke schneiden.

2. Die Dickmilch mit gehackter Minze, Bananenstücken und Vanillezucker fein pürieren. In zwei große Bechergläser verteilen und mit Mineralwasser aufgießen. Bananen-Minze-Milch mit den restlichen Minzeblättern garnieren.

Nährwerte pro Portion:

120 kcal • **7 g** Eiweiß • **1 g** Fett • **22 g** Kohlenhydrate • **278 mg** Calcium

Beeren-Nuss-Milch

FÜR 2 GLÄSER
250 g Beeren der Saison (z. B. Erdbeeren, Himbeeren, Heidelbeeren)
500 ml Milch (1,5 % Fett)
1 EL Magermilchpulver
1 EL Haselnussmus (aus dem Glas)
2 EL Ahornsirup oder Honig
1 – 2 EL Zitronensaft
Zitronenmelisse zum Garnieren

ZUBEREITUNG: ca. 10 Min.

1. Die Beeren verlesen, falls nötig, behutsam waschen und abtropfen lassen. Große Beeren halbieren.

2. Die Milch mit Milchpulver, Nussmus, Sirup oder Honig und den Beeren in einem Mixer durchmixen oder mit dem Stabmixer fein pürieren. Die Beeren-Nuss-Milch mit Zitronensaft abschmecken. Den Drink in Bechergläser gießen und mit der Zitronenmelisse garnieren.

Nährwerte pro Portion:

295 kcal • **13 g** Eiweiß • **10 g** Fett • **37 g** Kohlenhydrate • **423 mg** Calcium

Buttermilch-Orangen-Mix

FÜR 4 GLÄSER

60 g getrocknete Soft-Aprikosen (etwa 6 Stück)

1/2 TL Naturvanille oder Vanillemark

500 ml Buttermilch

300 ml Orangensaft mit Calcium

Minze zum Garnieren

ZUBEREITUNG: ca. 10 Min.

1. Die Aprikosen klein würfeln, dann zusammen mit der Naturvanille oder dem Vanillemark und dem Orangensaft im Mixer oder mit dem Pürierstab fein pürieren.
2. Buttermilch zugießen und zusammen noch einmal kurz aufmixen. Buttermilch-Orangen-Mix in vier große Bechergläser verteilen, mit Minze garnieren und sofort mit einem dicken bunten Trinkhalm servieren.

Nährwerte pro Portion:

100 kcal • **5 g** Eiweiß • **1 g** Fett • **17 g** Kohlenhydrate • **217 mg** Calcium

Türkischer Joghurt-Drink

FÜR 4 GLÄSER

500 g türkischer Joghurt (10 % Fett)

300 ml sehr kaltes calciumreiches Mineralwasser

Salz

1 – 2 EL Zitronensaft

1 TL abgeriebene Schale von 1 unbehandelten Zitrone

ZUBEREITUNG: ca. 5 Min.

1. Zuerst den Joghurt glatt rühren. Dann mit der Hälfte des kalten Mineralwassers aufmixen. Restliches Wasser zugeben und alles kräftig durchmixen, bis an der Oberfläche leichter Schaum entsteht.
2. Joghurt-Drink mit 1 Messerspitze Salz und etwas Zitronensaft abschmecken. In Gläser verteilen und sofort mit Zitronenschale bestreut servieren.

Nährwerte pro Portion:

150 kcal • **4 g** Eiweiß • **13 g** Fett • **5 g** Kohlenhydrate • **164 mg** Calcium

Gefüllte Zucchini

FÜR 2 PERSONEN

150 g parboiled Langkornreis
500 ml Gemüsebrühe
2 Frühlingszwiebeln
2 mittelgroße Zucchini à 300–350 g
1 EL + 2 TL Olivenöl
100 g Tomaten
Salz, Pfeffer
50 g geriebener Parmesan
50 g Magerquark
1 Eigelb
1 TL getrockneter Oregano
50 g saure Sahne (10 % Fett)
2 TL Tomatenmark

ZUBEREITUNG: ca. 40 Min.
BACKZEIT: 30 Min.

1. Den Reis mit 300 ml Gemüsebrühe zum Kochen bringen und zugedeckt bei kleinster Hitze 15–18 Min. ausquellen lassen, bis er bissfest gegart ist. Inzwischen die Frühlingszwiebeln putzen, waschen und fein zerkleinern.

2. Die Zucchini waschen, längs halbieren, das Fruchtfleisch bis auf einen Rand von 1/2 cm mit einem Löffel herauslösen. Knapp die Hälfte des Fruchtfleischs fein hacken, das restliche anderweitig verwenden, zum Beispiel für eine Suppe.

3. 1 EL Öl erhitzen, die Frühlingszwiebeln und das zerkleinerte Zucchinifruchtfleisch darin 4 Min. dünsten. Tomaten waschen, halbieren, entkernen und in kleine Würfel schneiden.

4. Den Backofen auf 200° vorheizen. 150 g vom Reis und die gedünstete Zucchinimischung in eine Schüssel füllen. Die Hälfte des Parmesans, die Tomatenwürfel, den Quark und das Eigelb untermischen. Die Füllung mit Salz, Pfeffer und Oregano kräftig würzen.

5. Zucchinihälften innen salzen, pfeffern und mit der Reismischung füllen. In eine flache Auflaufform setzen. 200 ml Gemüsebrühe in die Form gießen. Das gefüllte Gemüse mit dem restlichen Käse bestreuen und mit übrigem Olivenöl beträufeln. Die Zucchini im Ofen (unten, Umluft 180°) ca. 25–30 Min. backen.

6. Gefüllte Zucchini aus dem Ofen nehmen. Auf Tellern anrichten. Die Garflüssigkeit mit saurer Sahne und Tomatenmark verrühren, mit den Zucchini anrichten. Den restlichen heißen Reis dazu servieren. Dazu passt gut ein Blattsalat.

TIPP

Ungefüllte Zucchinihälften an der unteren, runden Seite vorsichtig glatt schneiden, damit sie gerade stehen können.

Nährwerte pro Portion:

460 kcal • **21 g** Eiweiß • **24 g** Fett • **40 g** Kohlenhydrate • **452 mg** Calcium

Gemüse-Kartoffel-Auflauf mit Camembert

FÜR 2 PERSONEN

400 g kleine fest kochende Kartoffeln
Salz
250 g Möhren
300 g TK-Brokkoli
Pfeffer
60 g Camembert (30 % Fett i. Tr.)
150 ml Milch (1,5 % Fett)
2 Eier
1 gehäufter EL Magermilchpulver
Paprikapulver, edelsüß
1/2 TL Öl für die Form

ZUBEREITUNG: ca. 35 Min.
BACKZEIT: 35 Min.

1. Kartoffeln waschen, in der Schale in kochendem Salzwasser in 20–25 Min. garen. Möhren putzen, schälen und schräg in dicke Scheiben schneiden. Brokkoli in leicht gesalzenem Wasser 6–8 Min., Möhren 5 Min. garen. Abgießen, abschrecken, abtropfen lassen, leicht salzen und pfeffern.

2. Den Backofen auf 200° vorheizen. Camembert klein würfeln. Die Milch mit den Eiern und dem Milchpulver verquirlen. Mit Salz, Pfeffer und Paprikapulver würzen. Eine Auflaufform mit dem Öl einfetten.

3. Kartoffeln abgießen, abschrecken, pellen und in Scheiben schneiden. Mit Brokkoli, Möhren und Käse vermischen. In der Form verteilen und mit der Eiermilch übergießen. Im Ofen (Mitte, Umluft 180°) 30–35 Min. überbacken, bis die Eiermilch gestockt ist.

Nährwerte pro Portion:
395 kcal • **26 g** Eiweiß • **13 g** Fett • **44 g** Kohlenhydrate • **455 mg** Calcium

Currybohnen mit Pellkartoffeln

FÜR 2 PERSONEN

400 g kleine vorwiegend fest kochende Kartoffeln
Salz
1 EL Sultaninen
300 g grüne TK-Schnittbohnen
1 Zwiebel
1/2 EL Butter
1/2 EL mildes Currypulver
100 ml Gemüsebrühe
150 g Joghurt (1,5 % Fett)
1 gehäufter TL Speisestärke
4 TL Magermilchpulver
Pfeffer
2–3 TL Zitronensaft

ZUBEREITUNG: ca. 30 Min.

1. Die Kartoffeln waschen und mit Schale in Salzwasser gar kochen. Inzwischen die Sultaninen in warmem Wasser einweichen. Die Bohnen nach Packungsangabe bissfest garen.

2. Zwiebel abziehen und fein würfeln. Butter in einem Topf erhitzen, die Zwiebel darin glasig dünsten. Currypulver unterrühren, kurz mitdünsten. Die Brühe angießen. Joghurt mit Stärke und Milchpulver glatt rühren, zur Zwiebel geben. Sultaninen abtropfen lassen, zufügen. Alles aufkochen und 5 Min. köcheln lassen.

3. Bohnen abgießen, abtropfen lassen und unter die Curry-Zwiebel-Sauce mischen. Mit Salz, Pfeffer und Zitronensaft abschmecken. Kartoffeln abgießen, abschrecken und pellen. Mit den Currybohnen anrichten.

Nährwerte pro Portion:
315 kcal • **13 g** Eiweiß • **6 g** Fett • **53 g** Kohlenhydrate • **273 mg** Calcium

Tiroler Spinatknödel

FÜR 2 PERSONEN

200 g TK-Blattspinat
Salz
75 g altbackenes Weißbrot
3 EL Milch (1,5 % Fett)
50 g Bergkäse am Stück (45 % Fett i.Tr.)
1 kleine Zwiebel
1 Knoblauchzehe
2 EL Butter
1 großes Ei
Pfeffer
Muskatnuss, frisch gerieben
1 EL Walnusskerne
6 EL Gemüsebrühe

ZUBEREITUNG: ca. 45 Min.
RUHEZEIT: 30 Min.

1. Den Spinat nach Packungsangabe zubereiten. Abkühlen lassen, sehr gut ausdrücken und grob hacken. Weißbrot in 1/2 cm große Würfel schneiden. Mit der Milch vermischen. Den Käse entrinden, eine Hälfte grob raspeln, die andere Hälfte in sehr kleine Würfel schneiden.
2. Zwiebel und Knoblauch abziehen, fein würfeln und in 1 EL heißer Butter weich dünsten. Mit dem Spinat und dem Ei pürieren.
3. Die Spinatmasse und die Käsewürfel zum Weißbrot geben. Mit Salz, Pfeffer und etwas Muskatnuss kräftig würzen. Alles mit der Hand kurz verkneten. Die Masse zugedeckt 30 Min. ruhen lassen.
4. Aus der Spinatmasse mit angefeuchteten Händen 6 Knödel formen. In reichlich kochendes Salzwasser geben und bei kleiner Hitze 12–15 Min. mehr sieden als köcheln lassen.
5. Die Walnusskerne grob hacken. Die restliche Butter zerlassen, Brühe zufügen, heiß werden lassen. Spinatknödel aus dem Wasser heben und kurz abtropfen lassen. Mit der Buttermischung begießen, mit den Nüssen und dem restlichen Käse bestreuen.

INFO

Der hohe Calciumgehalt der Knödel ergibt sich vor allem aus der Kombination von Bergkäse und Walnusskernen. Wenn Sie als „Aperitif" dazu ein Glas Vitamin-C-reichen Orangen- oder Johannisbeersaft trinken, kann das Calcium bestens verwertet werden.

TIPP

Es lohnt sich, gleich eine größere Menge Knödel zuzubereiten, denn sie lassen sich auf Vorrat gut einfrieren.

Nährwerte pro Portion:

380 kcal • **18 g** Eiweiß • **24 g** Fett • **23 g** Kohlenhydrate • **409 mg** Calcium

Fenchel-Paprika-Pfanne

FÜR 4 PERSONEN

1 kg mittelgroße Fenchelknollen
600 g rote und gelbe Paprikaschoten
1 Zwiebel
4 EL Olivenöl
1/2 TL Anissamen
100 ml Orangensaft mit Calcium
Salz, Pfeffer
1 TL Zitronensaft
20 g geriebener Hartkäse, z. B. Pecorino oder Parmesan

ZUBEREITUNG: ca. 35 Min.

1. Fenchel putzen, waschen und vierteln. Zartes Fenchelgrün abschneiden und beiseite legen. Fenchelviertel in einen Siebeinsatz geben, in einen Topf mit wenig Wasser stellen. Aufkochen und zugedeckt bei mittlerer Hitze in 10 Min. dämpfen.
2. Paprikaschoten waschen, halbieren, putzen und in Streifen schneiden. Die Zwiebel abziehen und würfeln.
3. Fenchel aus dem Siebeinsatz nehmen, abtropfen lassen. Öl in einer großen beschichteten Pfanne erhitzen. Fenchel darin anbraten. Paprikastreifen, Zwiebelwürfel und Anissamen untermengen, kurz mitbraten. Orangensaft zugießen und das Gemüse bei mittlerer Hitze zugedeckt in ca. 10 Min. bissfest garen.
4. Das Fenchelgrün fein hacken und unter das Gemüse mischen. Mit Salz, Pfeffer und Zitronensaft abschmecken. Mit dem Käse bestreut anrichten.

Nährwerte pro Portion:

215 kcal • **9 g** Eiweiß • **14 g** Fett • **12 g** Kohlenhydrate • **343 mg** Calcium

Gemüserisotto mit Rucola

FÜR 4 PERSONEN

800 ml kräftige Gemüsebrühe
1 EL Butter
350 g Risottoreis (z. B. Arborio oder Vialone Nano)
300 g Romanesco
300 g Möhren
1 Bund Frühlingszwiebeln
Salz, Pfeffer
1 Bund Rucola
80 g Parmesan, frisch gerieben
2 EL Sahne
2 EL Magermilchpulver

ZUBEREITUNG: ca. 35 Min.

1. Brühe aufkochen und heiß halten. In einem breiten Topf die Butter erhitzen. Den Reis zugeben und bei schwacher Hitze unter Rühren 2–3 Min. andünsten. So viel von der heißen Brühe angießen, dass der Reis gerade davon bedeckt ist. Im offenen Topf unter Rühren leicht brodelnd kochen lassen. Immer wieder wenig Brühe nachgießen und einköcheln lassen, bis der Reis gar ist – das dauert ca. 25 Min.
2. Inzwischen das Gemüse je nach Sorte waschen, putzen oder schälen. Romanesco in kleine Röschen teilen. Möhren in dünne Scheiben und Frühlingszwiebeln in Stücke schneiden. Romanesco in kochendem Salzwasser 4 Min., Möhren 3 Min. und Frühlingszwiebeln 1 Min. blanchieren. Gemüse kalt abschrecken, abtropfen lassen, salzen und pfeffern.
3. Rucola waschen, trockentupfen, Stiele entfernen und die Blätter in Stücke zupfen. Parmesan mit Gemüse, Rucola, Sahne und Milchpulver unter den Reis mischen. So lange rühren, bis der Käse etwas geschmolzen ist. Risotto mit Salz und Pfeffer abschmecken.

Nährwerte pro Portion:

520 kcal • **19 g** Eiweiß • **13 g** Fett • **81 g** Kohlenhydrate • **427 mg** Calcium

Gefüllte Kartoffeln

mit Grünkohl

FÜR 4 PERSONEN

500 g Grünkohl
Salz
1 Zwiebel
2 EL Rapsöl
Pfeffer
Muskatnuss, frisch gerieben
2 Messerspitzen gemahlener Piment
125 ml Gemüsebrühe
4 große vorwiegend fest kochende Kartoffeln à ca. 250 g
Öl für die Form und die Alufolie
100 g fettreduzierter Frischkäse mit Kräutern (5–8 % Fett)
70 g Butterkäse, in feinen Streifen (30 % Fett i.Tr.)
Alufolie

ZUBEREITUNG: ca. 50 Min.
BACKZEIT: 35 Min.

1. Den Grünkohl waschen und putzen. Stiele und harte Rippen entfernen. Die Blätter in kochendem Salzwasser 6 Min. vorgaren. Abgießen, kalt abschrecken und gut abtropfen lassen. Grünkohl klein hacken. Zwiebel abziehen, fein hacken.

2. Das Öl erhitzen. Zwiebeln darin goldgelb werden lassen, den Grünkohl, Salz, Pfeffer, Muskatnuss, Piment und die Gemüsebrühe dazugeben. Zugedeckt 30 Min. garen.

3. Inzwischen die Kartoffeln unter Wasser abbürsten, in Salzwasser 30–35 Min. vorkochen. Den Backofen auf 200° vorheizen.

4. Kartoffeln abgießen, abtropfen und leicht abkühlen lassen. Eine flache feuerfeste Form und ein Stück Alufolie dünn mit Öl einfetten. Kartoffeln längs halbieren und bis auf einen Rand von ca. 1 cm aushöhlen. 250 g des Kartoffelinneren klein hacken (den Rest z.B. für eine Suppe verwenden). Gehackte Kartoffeln, den Frischkäse und den Grünkohl mischen, salzen und pfeffern.

5. Kartoffelhälften mit der Mischung füllen, nebeneinander in die Form setzen und mit der gefetteten Alufolie bedecken. Im Ofen (Mitte, Umluft 180°) 30 Min. backen. Die Folie entfernen. Käse auf den Kartoffeln verteilen, noch kurz überbacken, bis der Käse schmilzt.

INFO

Grünkohl hat unter den Gemüsen einen Spitzenplatz in Sachen Calcium – er liefert pro 100 Gramm rund 210 mg von dem Mineralstoff.

TIPP

Wenn frischer Grünkohl keine Saison hat, etwa 350 g TK-Grünkohl verwenden.

Nährwerte pro Portion:

320 kcal • **20 g** Eiweiß • **11 g** Fett • **33 g** Kohlenhydrate • **440 mg** Calcium

Bandnudeln mit Gorgonzolasauce und Salbei

FÜR 1 PERSON

100 g rote Bandnudeln
Salz
4–6 Salbeiblätter
50 g Gorgonzola
100 ml Milch (1,5 % Fett)
1 TL Butter
Pfeffer
Muskatnuss, frisch gerieben

ZUBEREITUNG: ca. 20 Min.

1. Die Bandnudeln in kochendem Salzwasser nach Packungsangabe bissfest kochen.

2. Inzwischen die Salbeiblätter waschen und trockentupfen. Den Gorgonzola klein schneiden. Die Milch in einem Topf erhitzen, den Käse zufügen und bei schwacher Hitze schmelzen lassen, dabei gelegentlich umrühren. Die Sauce cremig einköcheln lassen.

3. Die Butter in einer kleinen beschichteten Pfanne erhitzen und die Salbeiblätter darin knusprig braten. Gorgonzolasauce mit wenig Salz, etwas Pfeffer und Muskatnuss abschmecken.

4. Die Nudeln in ein Sieb abgießen und kurz abtropfen lassen. Mit der Sauce vermischen, in einem tiefen Teller anrichten und mit den Salbeiblättern bestreuen.

TIPP

Dazu schmeckt gut ein Tomatensalat mit Rucola.

Nährwerte pro Portion:

635 kcal • **26 g** Eiweiß • **23 g** Fett • **80 g** Kohlenhydrate • **448 mg** Calcium

Gemüse-Käse-Spätzle

FÜR 2 PERSONEN

1 Bund Frühlingszwiebeln
2 rote Paprikaschoten
200 g Champignons
2 EL Maiskeimöl
Salz, Pfeffer
100 ml Gemüsebrühe
400 g Spätzle (aus dem Kühlregal)
60 g Emmentaler

ZUBEREITUNG: ca. 25 Min.

1. Die Frühlingszwiebeln putzen, waschen und in 1 cm dicke Stücke teilen. Paprikaschoten waschen, halbieren, putzen und in 2 cm große Würfel schneiden. Pilze putzen und in Scheiben schneiden.

2. Das Öl in einer großen beschichteten Pfanne erhitzen, Frühlingszwiebeln, Paprika und Pilze darin unter gelegentlichem Rühren 5 Min. andünsten. Salzen, pfeffern und mit der Brühe aufgießen. Die Spätzle untermischen. Alles zusammen zugedeckt unter gelegentlichem Rühren noch 5 Min. garen.

3. Den Emmentaler reiben, unter die Spätzle-Gemüse-Mischung rühren und zugedeckt schmelzen lassen. Sofort servieren.

TIPP

Dazu einen Blattsalat servieren.

Nährwerte pro Portion:

636 kcal • **27 g** Eiweiß • **25 g** Fett • **77 g** Kohlenhydrate • **390 mg** Calcium

Überbackenes Sommergemüse

FÜR 2 PERSONEN
1 Zwiebel
300 g Zucchini
150 g Staudensellerie
40 g schwarze entsteinte Oliven
2 EL Olivenöl
200 g Tomatenstücke (Tetra Pak)
1 EL Thymianblättchen
Salz, Pfeffer
1 Scheibe Vollkorntoast
2 EL Bergkäse, frisch gerieben
3 EL Parmesan, frisch gerieben

ZUBEREITUNG: ca. 15 Min.
BACKZEIT: 10 Min.

1. Die Zwiebel abziehen und fein würfeln. Zucchini und Sellerie waschen, putzen und in ca. 2 cm große Stücke schneiden. Oliven halbieren.

2. Backofen auf 225° vorheizen. Eine Auflaufform mit Öl dünn einfetten. Restliches Öl in einer Pfanne erhitzen, Zucchini und Sellerie darin anbraten. Zwiebel zufügen, goldgelb braten. Tomatenstücke, zwei Drittel des Thymians und die Oliven unterrühren, salzen und pfeffern.

3. Die Gemüsemischung in die Form geben. Das Toastbrot entrinden, fein zerkrümeln und mit beiden Käsesorten mischen. Die Masse über dem Gemüse verteilen. Im Ofen (Mitte, Umluft 200°) 8–10 Min. überbacken. Zum Servieren mit dem restlichen Thymian bestreuen.

Nährwerte pro Portion:
185 kcal • 11 g Eiweiß • 9 g Fett • 15 g Kohlenhydrate • 279 mg Calcium

Käseschnitzel mit Feigen

FÜR 2 PERSONEN
200 g Radicchio
2 EL weißer Aceto balsamico
2 EL Gemüsebrühe
Salz, Pfeffer
1 EL Olivenöl
180 g Provolone (am besten geräuchert; ersatzweise Raclettekäse)
1 Ei
2 EL Mehl
50 g fein gehackte Walnusskerne
1–2 EL Butterschmalz
2 reife blaue Feigen

ZUBEREITUNG: ca. 30 Min.

1. Den Radicchio putzen, waschen, trockenschütteln und in feine Streifen schneiden. Aus Essig, Brühe, Salz, Pfeffer und Öl eine Marinade rühren. Unter den Radicchio mischen.

2. Den Provolone in 1 cm dicke Scheiben schneiden. Das Ei verquirlen. Die Käsescheiben zuerst in Mehl wenden, dann durch das Ei ziehen und in den Walnüssen panieren. Die Panade leicht andrücken.

3. Schmalz erhitzen, die Käseschnitzel darin von jeder Seite 1 Min. goldbraun backen. Auf Küchenpapier entfetten. Mit dem Radicchio auf Tellern anrichten. Feigen waschen, trockentupfen, längs halbieren und neben die Käseschnitzel legen.

Nährwerte pro Portion:
770 kcal • 34 g Eiweiß • 59 g Fett • 26 g Kohlenhydrate • 878 mg Calcium

Gemüse-Quark-Kuchen

FÜR 2 PERSONEN

50 g in Öl eingelegte getrocknete Tomaten
1 Bund Frühlingszwiebeln
200 g Zucchini
1 Bund Petersilie
Salz, Pfeffer
1 TL Öl für die Form
500 g Magerquark
3 kleine Eier
2 EL Parmesan, frisch gerieben
3 gestrichene EL Hartweizengrieß
Paprikapulver zum Bestäuben

ZUBEREITUNG: ca. 20 Min.
BACKZEIT: 40 Min.

1. Die eingelegten Tomaten in einem Sieb abtropfen lassen, das Öl dabei auffangen. Frühlingszwiebeln putzen, waschen und in feine Ringe schneiden. Zucchini putzen, waschen und auf einer Gemüsereibe grob raspeln.
2. Die abgetropften Tomaten klein würfeln. Die Petersilie waschen, trockenschütteln und die Blättchen abzupfen. Zwei Drittel davon fein hacken. Den Backofen auf 180° vorheizen.
3. Das aufgefangene Tomatenöl in einer beschichteten Pfanne erhitzen. Frühlingszwiebeln und Zucchini darin unter Rühren andünsten und abkühlen lassen. Leicht salzen und pfeffern.
4. Eine runde feuerfeste Form (18–20 cm Ø) mit Öl dünn einfetten. Den Quark mit den Eiern glatt rühren, Parmesan und Grieß einrühren. Tomaten, Frühlingszwiebeln, Zucchini und die gehackte Petersilie untermischen. Die Quarkmasse mit Salz und Pfeffer kräftig würzen. In die Form füllen und glatt streichen.
5. Den Gemüse-Quark-Kuchen im Ofen (Mitte, Umluft 160°) 35–40 Min. backen, bis die Masse gestockt und die Oberfläche goldgelb gebräunt ist.
6. Kuchen aus dem Ofen nehmen und 5 Min. ruhen lassen. Mit einem Hauch Paprikapulver bestäuben. Die restlichen Petersilienblättchen zerzupfen und den Gemüse-Quark-Kuchen damit bestreuen. Wie eine Torte in Stücke schneiden und noch warm servieren.

TIPP

Dazu einen gemischten Blattsalat mit Olivenöl-Zitronensaft-Dressing essen.

Nährwerte pro Portion:

495 kcal • **54 g** Eiweiß • **14 g** Fett • **43 g** Kohlenhydrate • **414 mg** Calcium

Gnocchi mit gemischten Pilzen

FÜR 1 PERSON

200 g Kartoffelgnocchi (aus dem Kühlregal)
50 g Fontina oder Greyerzer
2 Frühlingszwiebeln
200 g gemischte Pilze (z. B. Pfifferlinge, Egerlinge, Steinpilze)
2 TL Olivenöl
Salz, Pfeffer
1/2 TL abgeriebene Schale von 1 unbehandelten Zitrone
100 ml Gemüsebrühe
2 EL Petersilienblättchen

ZUBEREITUNG: ca. 25 Min.

1. Die Gnocchi nach Packungsangabe zubereiten und warm stellen. Den Käse reiben. Frühlingszwiebeln putzen, waschen, in dünne Scheiben schneiden. Pilze putzen und in Scheiben schneiden, Pfifferlinge halbieren.

2. Das Öl in einer Pfanne erhitzen. Pfifferlinge und Frühlingszwiebeln darin unter Rühren 1 Min. kräftig braten. Egerlinge und Steinpilze dazugeben und 1 Min. mitbraten. Pilze mit Salz, Pfeffer und Zitronenschale würzen. Brühe angießen, 5 Min. köcheln lassen. Die Petersilienblättchen untermischen.

3. Heiße Gnocchi mit dem geriebenen Käse vermischen und in einen tiefen Teller füllen. Die Pilze darüber verteilen.

INFO

Calcium bringen bei diesem Gericht hauptsächlich der Käse und die Pilze.

Nährwerte pro Portion:

475 kcal • **22 g** Eiweiß • **30 g** Fett • **28 g** Kohlenhydrate • **495 mg** Calcium

Zwiebel-Pizza mit Edelpilzkäse

FÜR 2 PERSONEN

200 g kleine weiße Zwiebeln
2 in Öl eingelegte getrocknete Tomaten
2 EL Olivenöl
1 TL getrockneter Oregano
Salz, Pfeffer
80 g Blauschimmelkäse (45 % Fett i.Tr.)
1 frischer Pizzateig (gerollt, aus der Kühltheke)
150 g passierte Tomaten mit Kräutern (Tetra Pak)
3 TL Magermilchpulver
1/2 Bund Schnittlauch

ZUBEREITUNG: ca. 20 Min.
BACKZEIT: 20 Min.

1. Die Zwiebeln schälen und in sehr dünne Scheiben schneiden, dann in Ringe teilen. Tomaten in Streifen schneiden. Zwiebeln mit Tomaten, Öl und Oregano mischen, leicht salzen und pfeffern. Backofen samt Backblech auf 250° vorheizen

2. Den Käse in kleine Stücke schneiden. Pizzaboden aus dem Paket nehmen und mit dem Papier ausrollen. Passierte Tomaten und Milchpulver glatt rühren, den Teig damit bestreichen. Zuerst die Zwiebelmischung, dann den Käse darauf verteilen.

3. Den Pizzaboden mit Papier vorsichtig auf das heiße Backblech legen. Im Ofen (unten, Umluft 220°) ca. 15 Min. backen, bis der Teigrand goldbraun ist. Schnittlauch waschen, trockenschütteln und in Röllchen schneiden. Pizza aus dem Ofen nehmen, mit Schnittlauch bestreuen, in Stücke schneiden und servieren.

Nährwerte pro Portion:

580 kcal • **21 g** Eiweiß • **31 g** Fett • **55 g** Kohlenhydrate • **395 mg** Calcium

Kabeljau

mit Romanesco

FÜR 2 PERSONEN
500 g Romanesco
Salz
50 ml Gemüsebrühe
1 TL Butter
weißer Pfeffer
Muskatnuss, frisch gerieben
1 kleine Zitrone
2 Kabeljau-Rückenfilets à 150 g
150 g Joghurt (1,5 % Fett)
3 gehäufte EL Magermilchpulver
1 gehäufter EL körniger Senf
einige Tropfen Ahornsirup
1 Stück Bratschlauch

ZUBEREITUNG: ca. 30 Min.
GARZEIT: 25 Min.

1. Romanesco in kleine Röschen teilen, putzen und waschen. Die Stiele abschneiden, klein würfeln. Röschen in kochendem Salzwasser 2 Min. blanchieren, kalt abschrecken und abtropfen lassen.
2. Die Gemüsebrühe mit Butter aufkochen, die Romanescostiele darin 2 Min. kochen lassen. Mit Pfeffer und Muskatnuss würzen.
3. Den Backofen auf 180° vorheizen. Die Zitrone waschen, dick schälen und die einzelnen Filets aus den Häutchen schneiden. Kabeljau trockentupfen, mit Salz und Pfeffer würzen.
4. Vom Bratschlauch ein genügend großes Stück abschneiden. Ein Ende nach Packungsangabe verschließen. Den Fisch hineinlegen. Romanescostiele samt Brühe, Romanescoröschen und Zitronenfilets darauf verteilen. Das Folienende verschließen.
5. Den Bratschlauch von oben ein- bis zweimal einstechen, auf den kalten Rost legen und die Fettpfanne darunter schieben. Den Fisch im Ofen (unten, Umluft 160°) 25 Min. garen.
6. Den Joghurt mit Milchpulver und Senf glatt rühren. Mit Salz, Pfeffer und Ahornsirup abschmecken. Kabeljau, Gemüse und Sud anrichten, dazu die Senfcreme servieren.

INFO

Durch Magermilchpulver lässt sich der Calciumgehalt einer Speise auf einfache Weise erhöhen. Es eignet sich vor allem für Saucen, Suppen und Mixdrinks, die dadurch auch eine cremigere Konsistenz bekommen.

VARIANTE

Den Romanesco gegen Brokkoli austauschen und anstelle von Kabeljau einen anderen Seefisch, z.B. Rotbarsch, Schellfisch oder Lachs verwenden.

Nährwerte pro Portion:

265 kcal • **39 g** Eiweiß • **5 g** Fett • **17 g** Kohlenhydrate • **309 mg** Calcium

Schellfisch mit Senf-Dill-Sauce

FÜR 2 PERSONEN
1/2 Bund Suppengrün
1/2 Bund Dill
1 TL Fischgewürz
400 ml Fischfond (Glas) oder Gemüsebrühe
1 unbehandelte Zitrone
2 Schellfischfilets à 150 g
Salz, Pfeffer
2 TL Butter
2 TL Mehl
4 EL Magermilchpulver
2 EL saure Sahne (10 % Fett)
2 EL körniger Senf

ZUBEREITUNG: ca. 40 Min.

1. Das Suppengrün waschen, putzen und klein schneiden. Dill waschen, trockenschütteln, die Stiele abschneiden. Suppengrün, Dillstiele, Fischgewürz und Fond oder Brühe in einem breiten Topf aufkochen, 15 Min. köcheln lassen.
2. Zitrone waschen, halbieren. Eine Hälfte auspressen. Fisch trockentupfen, salzen, pfeffern und mit 2 EL Zitronensaft beträufeln. Im Sud bei schwacher Hitze 6–8 Min. gar ziehen lassen.
3. Fischfilets herausheben, warm stellen. Sud durchsieben, 200 ml davon abmessen. Butter erhitzen, das Mehl untermischen. Sud und Milchpulver einrühren. Sauce cremig einköcheln lassen.
4. Dill hacken. Mit Sahne und Senf in die Sauce rühren, mit Salz, Pfeffer und restlichem Zitronensaft abschmecken. Fisch mit Sauce anrichten. Übrige Zitronenhälfte in Schnitze teilen, zum Fisch servieren.

Nährwerte pro Portion:
340 kcal • **36 g** Eiweiß • **10 g** Fett • **20 g** Kohlenhydrate • **363 mg** Calcium

Gedämpfter Rotbarsch auf Meerrettichsauce

FÜR 1 PERSON
150 g Rotbarschfilet
Salz, Pfeffer
2 kleine Tomaten
1 TL Pesto (aus dem Glas)
4 Lorbeerblätter
2 TL Butter
2 TL Mehl
100 ml Fischfond oder Gemüsebrühe
3 EL Magermilchpulver
1–2 TL Meerrettich (aus dem Glas)
einige Spritzer Zitronensaft

ZUBEREITUNG: ca. 30 Min.

1. Das Rotbarschfilet trockentupfen, salzen und pfeffern. Die Tomaten waschen und in Scheiben schneiden. Auf dem Filet verteilen, mit Pesto beträufeln.
2. In einem Topf mit Dämpfeinsatz 250 ml Wasser mit etwas Salz und den Lorbeerblättern zum Kochen bringen. Dämpfeinsatz mit etwas Butter einfetten, das Fischfilet hineinlegen. Auf den Topf setzen und zugedeckt bei schwacher Hitze 15 Min. dämpfen.
3. Inzwischen die restliche Butter in einem keinen Topf zerlassen. Das Mehl einrühren und kurz anschwitzen. Fond oder Brühe angießen und das Milchpulver einrühren. Sauce aufkochen und sämig einköcheln lassen. Mit Meerrettich, Salz Pfeffer und Zitronensaft würzen. Den Fisch auf der Sauce anrichten.

Nährwerte pro Portion:
405 kcal • **38 g** Eiweiß • **18 g** Fett • **23 g** Kohlenhydrate • **325 mg** Calcium

Fischfilet

in Sesam-Möhren-Hülle

FÜR 4 PERSONEN

600 g TK-Brokkoli
4 Kabeljaufilets à 150 g
Salz, Pfeffer
200 g Möhren
50 g Sesamsamen
50 g Emmentaler, fein gerieben
2 Eier
50 g Mehl
2 EL Butterschmalz zum Braten
400 g Tomatenstücke mit Kräutern (Tetra Pak)
1 EL Aceto balsamico
1 EL Butter

ZUBEREITUNG: ca. 40 Min.

1. Den Brokkoli nach Packungsangabe zubereiten. Die Kabeljaufilets trockentupfen und mit Salz und Pfeffer würzen.
2. Die Möhren waschen, schälen und fein raspeln. Mit den Sesamsamen und dem geriebener Käse vermischen, in einen tiefen Teller füllen. Die Eier mit 2 EL Wasser in einem tiefen Teller verquirlen.
3. Die Fischstücke zuerst im Mehl wenden, überschüssiges Mehl abschütteln. Fisch dann durch die verquirlten Eier ziehen und zum Schluß in der Möhren-Sesam-Käse-Mischung wenden. Die Panade leicht andrücken.
4. Das Butterschmalz in einer großen Pfanne erhitzen. Die Fischstücke darin bei mittlerer Hitze pro Seite 1–2 Min. goldgelb ausbacken. Auf Küchenpapier abtropfen lassen.
5. Die Tomatenstücke erhitzen, mit Salz, Pfeffer und dem Essig abschmecken. Die Butter zum Brokkoli geben, kurz schwenken, salzen und pfeffern. Das Fischfilet mit dem Brokkoli und der Tomatensauce anrichten.

INFO

Hier tragen hauptsächlich Brokkoli, Emmentaler und Sesamsamen dazu bei, den Calciumbedarf zu decken. Der Kabeljau und die Eier steuern Vitamin D bei.

VARIANTE

Jede Art von frischem Filet lässt sich mit dieser Hülle zubereiten – ob von Meeresfischen oder Seefischen.

BEILAGE

Pellkartoffeln schmecken ebenso gut zu diesem Fisch wie Langkornreis oder Mehrkornbaguette.

Nährwerte pro Portion:

440 kcal • **42 g** Eiweiß • **21 g** Fett • **23 g** Kohlenhydrate • **371 mg** Calcium

Asiatische Fischsuppe

mit Gemüse

FÜR 2 PERSONEN

300 g beliebiges Fischfilet (z. B. Heilbutt, Seelachs)
5–6 EL helle Sojasauce
Salz, Pfeffer
250 g Weißkohl
350 g Staudensellerie
2 Möhren
1 Stängel Zitronengras (ersatzweise 1 TL getrocknetes Zitronengras)
1 kleine rote Chilischote
2 EL Maiskeimöl
3 EL Sesamsamen
1 Bund Petersilie

ZUBEREITUNG: ca. 45 Min.

1. Das Fischfilet trockentupfen und in mundgerechte Stücke schneiden. Mit 4 EL Sojasauce, etwas Salz und Pfeffer mischen und zugedeckt im Kühlschrank marinieren.
2. Den Weißkohl putzen und waschen. Blätter von dicken Rippen befreien und in ca. 2 cm große Quadrate schneiden. Sellerie putzen, waschen und schräg in 2 cm große Stücke schneiden. Möhren waschen, schälen, in Scheiben schneiden.
3. Das Zitronengras putzen, waschen, den unteren dicken Teil sehr fein hacken. Chilischote waschen, putzen, nach Belieben entkernen und in feine Ringe schneiden.
4. Das Öl in einem Topf erhitzen und das Gemüse darin 3 Min. andünsten. Zitronengras und Chilischote zufügen, kurz mitdünsten. Gemüse mit ca. 1 l Wasser bedecken. Mit Pfeffer würzen, aufkochen und zugedeckt bei schwacher Hitze ca. 25 Min. köcheln lassen.
5. Sesamsamen in einer Pfanne ohne Fett rösten, bis sie duften. Petersilie waschen, trockenschütteln, die Blättchen abzupfen und hacken. Mit den gerösteten Sesamsamen mischen.
6. Den marinierten Fisch in die Suppe geben und bei schwacher Hitze in ca. 5 Min. gar ziehen lassen. Suppe mit restlicher Sojasauce, Salz und Pfeffer abschmecken. In Tellern anrichten und mit der Petersilien-Sesam-Mischung bestreuen.

INFO

Neben Calcium und Vitamin D sorgt in diesem Eintopf vor allem der Weißkohl für eine gesunde Portion an Vitamin K, das die Calciumaufnahme positiv beeinflusst.

Nährwerte pro Portion:

420 kcal • **8 g** Eiweiß • **20 g** Fett • **22 g** Kohlenhydrate • **328 mg** Calcium

Schollenfilets aus dem Ofen

FÜR 4 PERSONEN

600 g Schollenfilet
3 EL Zitronensaft
Salz, Pfeffer
2 EL Olivenöl
300 g Tomatenstücke mit Kräutern (Tetra Pak)
50 g Shrimps (aus dem Glas)
50 g Parmesan, frisch gerieben
50 g Emmentaler, frisch gerieben
1 Eigelb
50 ml Milch (1,5 % Fett)
200 g Endiviensalat

ZUBEREITUNG: ca. 15 Min.
BACKZEIT: 15 Min.

1. Den Backofen auf 200° vorheizen. Schollenfilets trockentupfen, mit 1 EL Zitronensaft, Salz und Pfeffer würzen. Eine flache ofenfeste Form dünn mit Öl einfetten. Tomatenstücke auf dem Boden der Form verteilen, den Fisch obenauf legen.
2. Shrimps abtropfen lassen, über die Filets streuen. Beide Käsesorten mit Eigelb und Milch verrühren, salzen und pfeffern. Gleichmäßig über dem Fisch verteilen. Im Ofen (Mitte, Umluft 180°) ca. 15 Min. überbacken.
3. Endiviensalat waschen, putzen und in Stücke zupfen. Aus restlichem Zitronensaft, 2 EL Wasser, Salz, Pfeffer und übrigem Öl eine Marinade rühren. Unter den Salat heben, abschmecken. Schollenfilets mit dem Endiviensalat anrichten.

Nährwerte pro Portion:
340 kcal • **40 g** Eiweiß • **18 g** Fett • **3 g** Kohlenhydrate • **432 mg** Calcium

Kabeljaukoteletts mit Petersiliensauce

FÜR 2 PERSONEN

2 Kabeljaukoteletts à 200 g
1–2 Bund Petersilie
500 ml Gemüsebrühe
1 EL Fischgewürz
1 Schalotte
2 TL Butter
50 g Magermilchpulver
1 TL rosa Pfefferbeeren
2 TL Zitronensaft
Salz

ZUBEREITUNG: ca. 30 Min.

1. Fischkoteletts abbrausen und trockentupfen. Petersilie waschen, trockenschütteln, grobe Stiele abschneiden. Petersilienstiele mit Brühe und Fischgewürz in einem breiten Topf aufkochen, 10 Min. kochen lassen.
2. Fisch in den Sud legen, zugedeckt in 10–12 Min. gar ziehen lassen. Petersilienblätter bis auf einige zum Garnieren fein hacken. Schalotte abziehen, klein würfeln. Butter in einem kleinen Topf erhitzen und die Schalotte darin andünsten.
3. Koteletts aus dem Sud heben, warm halten. Sud durchsieben, davon 200 ml abmessen. Zur Schalotte geben, aufkochen lassen. Milchpulver einrühren und Sauce sämig einköcheln lassen.
4. Gehackte Petersilie in die Sauce geben, fein pürieren. Die Pfefferbeeren grob zerdrücken, zur Sauce geben, mit Salz abschmecken. Den Fisch auf der Sauce anrichten und mit der Petersilie bestreuen.

Nährwerte pro Portion:
310 kcal • **41 g** Eiweiß • **9 g** Fett • **14 g** Kohlenhydrate • **308 mg** Calcium

Fisch-Lasagne

FÜR 2 PERSONEN

300 g TK Blattspinat
300 g Fischfilet (z. B. vom Rotbarsch)
1 EL Zitronensaft
Salz, weißer Pfeffer
30 g Butter
40 g Mehl
1/2 l Gemüsebrühe
50 g Magermilchpulver
60 g Emmentaler am Stück
Muskatnuss, frisch gerieben
1 Schalotte
6 Lasagneblätter (ohne Vorkochen; ca. 100 g)

ZUBEREITUNG: ca. 35 Min.
BACKZEIT: 35 Min.

1. Den Spinat nach Packungsangabe zubereiten, dann in einem Sieb abtropfen lassen. Das Fischfilet trockentupfen und in ca. 1 cm breite Scheiben schneiden. Mit Zitronensaft, Salz und Pfeffer würzen, zugedeckt im Kühlschrank marinieren.

2. Für die Käsesauce 20 g Butter in einem Topf erhitzen. Das Mehl einrühren und kurz anschwitzen. Unter Rühren nach und nach die Brühe angießen und das Milchpulver klümpchenfrei einrühren. Unter Rühren aufkochen und die Sauce bei schwacher Hitze 5 Min. köcheln lassen.

3. Emmentaler reiben, zwei Drittel davon in die Sauce geben und unter Rühren auflösen. Käsesauce mit Salz, Pfeffer und Muskatnuss kräftig abschmecken. Warm halten. Die Schalotte abziehen, fein würfeln und in restlicher heißer Butter glasig dünsten. Mit dem Spinat vermischen. Mit Salz und Pfeffer würzen.

4. Den Backofen auf 200° vorheizen. Den Boden einer kleineren rechteckigen, ofenfesten Form mit 3–4 EL Käsesauce bedecken. Schichtweise 2 Lasagneblätter, den Fisch, 3 EL Sauce, 2 Nudelblätter, den Spinat und 3 EL Sauce einfüllen. Restliche Nudelblätter obenauf legen, mit der übrigen Sauce bedecken.

5. Den restlichen Käse auf die Oberfläche streuen. Die Lasagne im Ofen (unten, Umluft 180°) in ca. 35 Min. goldgelb backen.

TIPP

Die heiße Lasagne vor dem Servieren noch einige Minuten ruhen lassen, so lässt sie sich besser portionieren.

BEILAGE

Dazu schmeckt ein gemischter Blattsalat mit einem Weißweinessig-Olivenöl-Dressing.

Nährwerte pro Portion:

730 kcal • **55 g** Eiweiß • **27 g** Fett • **65 g** Kohlenhydrate • **808 mg** Calcium

Zander mit Kartoffel-Kräuter-Rahm

FÜR 2 PERSONEN

1 Glas Fischfond (400 ml)
1 kleine Zwiebel
1 kleine Knoblauchzehe
100 g mehlig kochende Kartoffeln
2 Zanderfilets à 150 g
Salz, Pfeffer
4 gestrichene EL Magermilchpulver
3 EL saure Sahne (10 % Fett)
1 Messerspitze Meerrettich (aus dem Glas)
2 EL gemischte fein gehackte Kräuter (z. B. Schnittlauch, Dill, Petersilie)

ZUBEREITUNG: ca. 45 Min.

1. Den Fischfond in einem breiten Topf ohne Deckel bei starker Hitze um die Hälfte einkochen lassen. Inzwischen Zwiebel und Knoblauch abziehen, beides klein würfeln. Die Kartoffeln waschen, schälen und klein würfeln. Alles in den Fond geben und zugedeckt 15 Min. köcheln lassen.
2. Die Fischfilets trockentupfen, mit Salz und Pfeffer würzen. Auf das Gemüse in den Topf legen und zugedeckt bei schwacher Hitze je nach Dicke in 5–7 Min. garen. Filets aus dem Topf heben und warm stellen.
3. Das Gemüse samt dem Fond im Topf pürieren. Milchpulver einrühren und die Sauce sämig einkochen lassen. Saure Sahne, Meerrettich und Kräuter untermischen. Die Sauce mit Salz und Pfeffer abschmecken. Mit dem Zander auf Tellern anrichten.

TIPP

Als Beilage zum Zander schmeckt ein Möhren-Erbsen-Gemüse.

Nährwerte pro Portion:

285 kcal • **36 g** Eiweiß • **6 g** Fett • **21 g** Kohlenhydrate • **315 mg** Calcium

Lachs auf Lauchgemüse

FÜR 2 PERSONEN

500 g Lauch
1 Zwiebel
2 Lachssteaks à 180 g
Salz, Pfeffer
2 EL Rapsöl
1/2 TL Thymian
100 ml Gemüsebrühe
60 g Camembert (30 % Fett i. Tr.)
2 EL gehackte Petersilie
1 EL Butter
1 EL Zitronensaft

ZUBEREITUNG: ca. 35 Min.

1. Die Lauchstangen putzen, längs und quer halbieren. Lauchstücke der Länge nach in feine Streifen schneiden. In einem Sieb abbrausen und abtropfen lassen. Die Zwiebel abziehen und sehr fein würfeln. Die Lachssteaks trockentupfen, salzen und pfeffern.
2. Das Öl in einem flachen Topf erhitzen. Zwiebel, Lauch und Thymian darin 3 Min. dünsten. Salzen, pfeffern, die Brühe angießen und die Lauchstreifen in 3–4 Min. garen. Den Käse entrinden, klein schneiden und mit der Petersilie unter das Gemüse rühren. Käse schmelzen lassen. Lauch mit Pfeffer abschmecken.
3. Die Butter in einer Pfanne erhitzen und den Zitronensaft einrühren. Lachssteaks darin auf jeder Seite 2–3 Min. braten. Fisch auf dem Lauchgemüse anrichten und mit der Zitronenbutter beträufeln.

BEILAGE

Dazu passen kleine Pellkartoffeln

Nährwerte pro Portion:

640 kcal • **47 g** Eiweiß • **46 g** Fett • **9 g** Kohlenhydrate • **365 mg** Calcium

Spitzpaprika mit Tunfischfüllung

FÜR 2 PERSONEN

4 Spitzpaprika à 120 g
1 kleine Zwiebel
Salz
1 Dose Tunfisch im eigenen Saft (185 g Inhalt)
1 EL Kapern
50 g Magerquark
2 TL Magermilchpulver
50 g geriebener Edamer (30 % Fett i.Tr.)
2 EL gemischte fein gehackte Kräuter
Pfeffer
Öl für die Form
4 dünne Scheiben Frühstücksspeck

ZUBEREITUNG: ca. 30 Min.
BACKZEIT: 15 Min.

1. Von den Paprika jeweils einen ca. 5 cm langen und ca. 2 cm breiten Streifen herausschneiden. Beiseite legen. Die Kerne behutsam aus den Paprika herauslösen. Schoten waschen und trockentupfen. Zwiebel abziehen. Paprika und Zwiebel portionsweise in kochendem Salzwasser 3 Min. blanchieren. Abschrecken und abtropfen lassen.
2. Den Backofen auf 200° vorheizen. Den Tunfisch abtropfen lassen und grob zerpflücken. Paprikastreifen, Zwiebel und Kapern fein hacken. Alles vermischen. Quark, Milchpulver, Käse und Kräuter unterrühren, die Masse mit Salz und Pfeffer abschmecken. Die Paprikaschoten damit füllen.
3. Eine ofenfeste Form dünn mit Öl einfetten. Gefüllte Paprikaschoten nebeneinander in die Form setzen. Mit je 1 Scheibe Frühstücksspeck locker belegen. Im Ofen (Mitte, Umluft 180°) ca. 15 Min. überbacken, bis der Speck knusprig ist.

Nährwerte pro Portion:

395 kcal • **32 g** Eiweiß • **26 g** Fett • **7 g** Kohlenhydrate • **259 mg** Calcium

Matjesfilet mit Bohnensauce

FÜR 1 PERSON

200 g kleine Kartoffeln
Salz
150 g junge grüne Bohnen
1 Schalotte
1 Scheibe roher Schinken (z.B. Katenschinken)
2 TL Butter
50 g Sahne
100 ml Milch (1,5 % Fett)
2 TL Magermilchpulver
weißer Pfeffer
2 Matjesfilets à ca. 60 g
1 EL gehackte Petersilie

ZUBEREITUNG: ca. 30 Min.

1. Kartoffeln waschen, schälen und in wenig Salzwasser in ca. 20 Min. weich kochen. Bohnen waschen, putzen, in kochendem Salzwasser in 7–9 Min. bissfest garen. Abschrecken, abtropfen lassen und schräg in ca. 1 cm breite Scheiben schneiden.
2. Schalotte abziehen, klein würfeln. Schinken in feine Streifen schneiden. Butter erhitzen, den Schinken darin knusprig ausbraten. Herausheben. Schalotte im Bratfett goldgelb dünsten. Sahne, Milch und Milchpulver einrühren. Bohnen in die Pfanne geben und heiß werden lassen. Mit Salz und Pfeffer abschmecken.
3. Kartoffeln abgießen und stampfen. Die Matjesfilets trockentupfen, mit der Bohnensauce und den Stampfkartoffeln anrichten. Die Speckstreifen über die Bohnensauce verteilen, Kartoffeln mit Petersilie bestreuen.

Nährwerte pro Portion:

845 kcal • **35 g** Eiweiß • **60 g** Fett • **41 g** Kohlenhydrate • **242 mg** Calcium

Putenschnitzel

mit Kohlrabi-Kartoffel-Gratin

FÜR 2 PERSONEN

200 g vorwiegend fest kochende Kartoffeln
Salz
350 g Kohlrabi
2 TL Butter
100 ml Milch (1,5 % Fett)
50 g Sahne
1 TL Magermilchpulver
Pfeffer
Muskatnuss, frisch gerieben
40 g Greyerzer
2 Putenschnitzel à 100 g
1/4 TL getrockneter Thymian
1 EL Öl

ZUBEREITUNG: ca. 25 Min.
BACKZEIT: 35 Min.

1. Die Kartoffeln waschen und in Salzwasser knapp gar kochen. Dann abgießen, pellen und in Scheiben schneiden. Kohlrabi putzen, schälen, vierteln und in dünne Scheiben hobeln oder schneiden. Die zarten Kohlrabiblätter beiseite legen.

2. Den Backofen auf 180° vorheizen. Eine flache feuerfeste Form dünn mit Butter einfetten. Die Milch mit der Sahne und dem Milchpulver verrühren.

3. Kohlrabi- und Kartoffelscheiben dachziegelartig in die Form schichten, dabei jede Lage mit Salz, Pfeffer und Muskat kräftig würzen. Die Milchmischung gleichmäßig darüber gießen. Das Gratin im Ofen (unten, Umluft 160°) 20 Min. garen.

4. Inzwischen den Käse reiben und die restliche Butter in Flöckchen schneiden. Gratin mit Käse bestreuen und mit Butterflöckchen belegen. Weitere 10–15 Min. im Ofen backen, bis die Oberfläche leicht gebräunt ist.

5. Die Schnitzel trockentupfen, mit Thymian und Pfeffer würzen und mit der Hälfte des Öls einreiben.

6. Das restliche Öl in einer beschichteten Pfanne erhitzen, die Schnitzel darin auf jeder Seite bei mittlerer Hitze 2–3 Min. braten. Kohlrabiblätter waschen, trockenschütteln und in feine Streifen schneiden. Schnitzel und Gratin auf Tellern anrichten, mit Kohlrabigrün bestreut servieren.

INFO

Butterkäse und Edamer, beide mit 30 % Fett i.Tr., sowie Gouda mit 40 % Fett i.Tr. haben fast so hohe Calciumwerte wie Greyerzer. Sie können diese Käsesorten ebenso für das Gratin verwenden, dann sollten Sie aber dafür 50 Gramm einkaufen.

Nährwerte pro Portion:

480 kcal • **37 g** Eiweiß • **26 g** Fett • **22 g** Kohlenhydrate • **364 mg** Calcium

Putenbrust auf Kürbis-Mandel-Sauce

FÜR 2 PERSONEN

150 g orangefarbiger Kürbis (z. B. Hokkaido)
1 Schalotte
1 1/2 EL Butter
Salz, Pfeffer
150 ml Gemüsebrühe
1 EL Mandelblättchen
300 g Putenbrustfilet
1 EL Mandelmus (aus dem Glas)
4 EL Magermilchpulver
1 EL Zitronensaft
Kräuterblättchen zum Garnieren

ZUBEREITUNG: ca. 40 Min.

1. Hokkaido waschen (andere Kürbisse auch schälen), entkernen und klein würfeln. Schalotte abziehen, klein würfeln. Den Backofen auf 80° vorheizen.

2. 1/2 EL Butter erhitzen, die Schalotte darin glasig dünsten. Den Kürbis zugeben, 3 Min. mitdünsten, salzen und pfeffern. Die Brühe angießen, aufkochen. Alles zugedeckt ca. 20 Min. köcheln lassen, bis der Kürbis weich ist.

3. Mandelblättchen in einer ofenfesten Pfanne ohne Fett goldgelb rösten. Herausnehmen und beiseite stellen. Putenbrustfilet trockentupfen, salzen und pfeffern. Restliche Butter in der Pfanne erhitzen. Das Fleisch darin von beiden Seiten kräftig anbraten. Im Ofen (Mitte, Umluft 80°) in 20–25 Min. garen.

4. Den Kürbis samt der Brühe pürieren, Mandelmus und Milchpulver einrühren, die Sauce mit Salz, Pfeffer und etwas Zitronensaft abschmecken. Putenbrustfilet in fingerdicke Scheiben schneiden. Auf der Sauce anrichten, mit gerösteten Mandelblättchen und Kräutern garnieren.

Nährwerte pro Portion:

420 kcal • **46 g** Eiweiß • **18 g** Fett • **19 g** Kohlenhydrate • **248 mg** Calcium

Pfannengyros mit Hähnchen

FÜR 1 PERSON

150 g Hähnchenbrustfilet
1 Knoblauchzehe
1 EL Olivenöl
Salz, Pfeffer
Paprikapulver, rosenscharf
100 g Schafmilchjoghurt
3 TL Magermilchpulver
2 EL gehackter Dill
einige Spritzer Zitronensaft
1 Schalotte
1 rote Paprikaschote
1 Stück Sesam-Fladenbrot (ca. 60 g)

ZUBEREITUNG: ca. 20 Min.

1. Das Fleisch trockentupfen und in dünne Scheiben schneiden. Den Knoblauch abziehen und durch die Presse drücken. Mit Öl, Salz, Pfeffer und etwas Paprikapulver verrühren. Marinade unter die Fleischscheiben mischen.

2. Den Joghurt mit Milchpulver, 2–3 EL Wasser und dem Dill glatt und cremig rühren. Mit Zitronensaft abschmecken. Die Schalotte abziehen, halbieren und in sehr dünne Scheiben schneiden. Die Paprikaschote waschen, vierteln und putzen. Die Viertel quer hauchdünn hobeln oder schneiden.

3. Mariniertes Hähnchenfleisch in eine sehr heiße, beschichtete Pfanne geben. Unter gelegentlichem Rühren 5 Min. braten. Mit den Zwiebelscheiben, der Paprika und dem Dilljoghurt anrichten. Das Fladenbrot dazu servieren.

Nährwerte pro Portion:

705 kcal • **54 g** Eiweiß • **28 g** Fett • **56 g** Kohlenhydrate • **560 mg** Calcium

Putengeschnetzeltes

FÜR 2 PERSONEN
200 g Putenschnitzel
1 Zwiebel
200 g Champignons
1 kleine Orange
2 TL Butter
Salz, Pfeffer
150 g TK-Erbsen
200 ml Gemüsebrühe
5 EL Magermilchpulver
3 EL saure Sahne (10 % Fett)
3 EL Schnittlauchröllchen
ZUBEREITUNG: ca. 30 Min.

1. Die Putenschnitzel trockentupfen und in feine Streifen schneiden. Die Zwiebel abziehen und klein würfeln. Die Champignons putzen und in Scheiben schneiden. Die Orange auspressen.

2. Butter in einer beschichteten Pfanne erhitzen. Das Putenfleisch darin rundum anbraten. Aus der Pfanne heben, salzen und pfeffern.

3. Zwiebel und Champignons in die Pfanne geben, im verbliebenen Bratfett dünsten, bis alle Flüssigkeit verdampft ist. Mit Salz und Pfeffer würzen. Erbsen zufügen, Brühe und den Orangensaft angießen und das Magermilchpulver einrühren. Aufkochen und 5 Min. köcheln lassen.

4. Putenfleisch wieder in die Pfanne geben, heiß werden lassen. Von der Kochstelle nehmen. Saure Sahne unter das Geschnetzelte rühren, mit Salz und Pfeffer abschmecken. Mit Schnittlauch bestreut servieren.

Nährwerte pro Portion:
350 kcal • 9 g Eiweiß • 39 g Fett • 29 g Kohlenhydrate • 288 mg Calcium

Überbackenes Hähnchenbrustfilet

FÜR 4 PERSONEN
1 kleine Zwiebel
500 g Tomaten
400 g Egerlinge
4 Hähnchenbrustfilets ohne Haut à 125 g
Pfeffer
3 EL Olivenöl
Salz
Paprikapulver, edelsüß
150 ml Hühnerbrühe
2 EL Magermilchpulver
250 g Mozzarella (Abtropfgewicht)
2 EL kleine Basilikumblätter
ZUBEREITUNG: ca. 25 Min.
BACKZEIT: 20 Min.

1. Die Zwiebel abziehen und würfeln. Stielansätze der Tomaten entfernen. Tomaten kurz überbrühen, häuten und würfeln. Egerlinge putzen, in Scheiben schneiden. Die Hähnchenbrustfilets trockentupfen, mit Pfeffer würzen.

2. Backofen auf 225° vorheizen. Eine flache feuerfeste Form dünn mit Öl einfetten. 2 EL Öl in einer beschichteten Pfanne erhitzen. Die Filets darin pro Seite 2 Min. anbraten. Aus der Pfanne nehmen, salzen und pfeffern. Zwiebel und Pilze im Bratfett 2 Min. braten. Brühe und Milchpulver zugeben, 5 Min. garen. Den Mozzarella kurz abbrausen, trockentupfen und in Scheiben schneiden.

3. Tomatenwürfel und Basilikumblätter unter die Pilze mischen, mit Salz und Pfeffer würzen. Die Mischung in die Form geben, Hähnchenbrustfilets nebeneinander darauf legen und mit den Mozzarellascheiben bedecken. Restliches Olivenöl darüber träufeln. Im Ofen (unten, Umluft 200°) in ca. 20 Min. überbacken.

Nährwerte pro Portion:
375 kcal • 45 g Eiweiß • 18 g Fett • 5 g Kohlenhydrate • 477 mg Calcium

Hähnchenkeulen mit Apfel-Käse-Sauce

FÜR 4 PERSONEN

4 Hähnchenkeulen à 300 g
2 EL mittelscharfer Senf
1 1/2 EL Öl
2 säuerliche rotschalige Äpfel
1 EL Butter
1 EL Majoranblättchen
100 g Lindenberger light (30 % Fett i.Tr.)
200 ml Apfelsaft
1 EL Crème fraîche
1 Messerspitze Cayennepfeffer
Salz, Pfeffer

ZUBEREITUNG: ca. 45 Min.

1. Die Hähnchenkeulen häuten, jeweils im Gelenk mit einem Messer durchtrennen, kurz abbrausen und trockentupfen. Fleischstücke mit Senf bestreichen. Öl in einer Grillpfanne stark erhitzen. Die Keulen darin 5 Min. anbraten, dann bei mittlerer Hitze weitere 20 Min. braten.

2. Inzwischen die Äpfel waschen, halbieren, entkernen und in Spalten schneiden. Butter in einer beschichteten Pfanne heiß werden lassen, die Apfelspalten mit der Hälfte des Majorans darin goldgelb braten. Herausnehmen und zugedeckt warm stellen. Den Käse reiben.

3. Apfelsaft in die Pfanne gießen und etwas einkochen lassen. Käse zufügen, unter Rühren schmelzen lassen. Crème fraîche unterrühren. Die Sauce mit Cayennepfeffer, Salz und Pfeffer abschmecken. Hähnchenkeulen mit der Sauce und den gebratenen Apfelspalten auf Tellern anrichten. Mit den Majoranblättchen bestreut servieren.

Nährwerte pro Portion:

440 kcal • **36 g** Eiweiß • **26 g** Fett • **15 g** Kohlenhydrate • **342 mg** Calcium

Hähnchencurry mit Ananas

FÜR 4 PERSONEN

400 g Hähnchenbrustfilet ohne Haut
300 g Staudensellerie
150 g Kirschtomaten
150 g Ananasfruchtfleisch
2 EL Maiskeimöl
1 EL rote Currypaste
250 ml Hühnerbrühe
250 g Joghurt (3,5 % Fett)
5 EL Magermilchpulver
2 TL Speisestärke
4 EL helle Sojasauce
Salz

ZUBEREITUNG: ca. 30 Min.

1. Hähnchenbrust trockentupfen und in dünne Scheiben schneiden. Staudensellerie putzen, waschen, schräg in Stücke schneiden. Tomaten waschen, halbieren. Ananas würfeln.

2. Öl im Wok oder einer hohen Pfanne erhitzen, Currypaste einrühren und kurz anbraten. Hühnerbrühe angießen, 5 Min. köcheln lassen. Fleisch, Sellerie und Ananas zufügen und 7–8 Min. leicht köcheln lassen.

3. Joghurt mit Milchpulver und Speisestärke glatt rühren. Zum Curry geben, nochmals aufkochen lassen. Tomaten untermischen. Hähnchencurry mit Sojasauce und Salz abschmecken.

Nährwerte pro Portion:

420 kcal • **37 g** Eiweiß • **15 g** Fett • **34 g** Kohlenhydrate • **259 mg** Calcium

Schnitzel

mit Grünkohlgratin

FÜR 4 PERSONEN

600 g TK-Grünkohl
1 Zwiebel
2 EL Olivenöl
1 kleine Dose geschälte Tomaten (400 g Inhalt)
Salz, Pfeffer
1 TL Thymian
40 g geriebener Edamer (30 % Fett i.Tr.)
100 ml Milch (1,5 % Fett)
Muskatnuss, frisch gerieben
4 Schweineschnitzel à 100 g

ZUBEREITUNG: ca. 45 Min.

1. Den Grünkohl auftauen lassen. Die Zwiebel abziehen und fein würfeln. 1/2 EL Öl in einem Topf erhitzen, die Zwiebel darin andünsten. Tomaten samt Saft hinzufügen, mit Salz, Pfeffer und Thymian würzen. Ohne Deckel zu einer dicklichen Sauce einköcheln lassen.
2. Den Backofen auf 200° vorheizen. Den Käse reiben, mit Milch und Milchpulver verrühren, mit Salz, Pfeffer und Muskat kräftig würzen.
3. Eine flache große und ofenfeste Form dünn mit Öl einfetten. Die Hälfte der Tomatensauce in die Form füllen. Den aufgetauten Grünkohl mit 1 EL Öl mischen, mit Salz und Pfeffer würzen. In die Form geben. Mit der übrigen Tomatensauce bedecken. Obenauf die Milch-Käse-Mischung gleichmäßig verteilen.
4. Das Gratin im Ofen (Mitte, Umluft 180°) ca. 30 Min. überbacken, bis die Oberfläche goldbraun ist.
5. Etwa 5 Min. vor Garzeitende des Gratins die Schnitzel trockentupfen. Etwas Salz, Pfeffer und das restliche Öl verrühren. Das Fleisch damit einpinseln. Schnitzel in einer Grillpfanne je nach Dicke 2–3 Min. von jeder Seite goldbraun braten. Mit dem Grünkohlgratin servieren.

VARIANTE

Zum Grünkohlgratin schmecken ebenso Putenschnitzel, Lammkoteletts oder im Herbst und Winter Reh- oder Hirschsteaks.

BEILAGE

Am besten dazu Pellkartoffeln oder Salzkartoffeln servieren.

Nährwerte pro Portion:

275 kcal • **34 g** Eiweiß • **11 g** Fett • **9 g** Kohlenhydrate • **464 mg** Calcium

Hacksteaks mit Kohlrabigemüse

FÜR 2 PERSONEN
400 g Kohlrabi
100 ml Gemüsebrühe
200 g gemischtes Hackfleisch
1 EL Magerquark
Salz, Pfeffer
Paprikapulver, rosenscharf
1/4 TL getrockneter Majoran
1 EL Petersilie, gehackt
1 EL Maiskeimöl
50 g Schmand
(Sauerrahm mit 24 % Fett)
1 TL Mehl
4 TL Magermilchpulver
100 ml Milch (1,5 % Fett)

ZUBEREITUNG: ca. 40 Min.

1. Kohlrabi putzen und schälen. Zarte Kohlrabiblätter abschneiden, waschen und beiseite legen. Die Knollen vierteln, in feine Scheiben hobeln. Brühe zum Kochen bringen, Kohlrabi zugeben und zugedeckt bei mittlerer Hitze ca. 12 Min. garen. In einem Sieb abtropfen lassen, dabei den Sud auffangen.

2. Hackfleisch mit Quark, Salz, Pfeffer, Rosenpaprika, Majoran und Petersilie verkneten. Daraus 4 kleine flache Hacksteaks formen. Öl in einer beschichteten Pfanne erhitzen, Hacksteaks darin von beiden Seiten 3–4 Min. knusprig anbraten.

3. Schmand mit Mehl, Milchpulver und 4 EL Garsud verrühren. (Restlichen Garsud für eine Suppe verwenden.) Die Milch zum Kochen bringen, die Schmandmischung einrühren, einmal aufkochen lassen. Mit Salz und Pfeffer abschmecken. Kohlrabi in der Sauce erhitzen. Kohlrabiblättchen in feine Streifen schneiden. Hacksteaks und Kohlrabi auf Tellern anrichten und mit den Kohlrabiblättern bestreuen.

Nährwerte pro Portion:

480 kcal • 29 g Eiweiß • 33 g Fett • 15 g Kohlenhydrate • 276 mg Calcium

Kasseler-Auflauf mit Wirsing

FÜR 2 PERSONEN
400 g kleine fest kochende Kartoffeln
Salz
500 g Wirsing
125 ml Gemüsebrühe
125 ml Milch (1,5 % Fett)
3 gestrichene EL Magermilchpulver
Pfeffer
Muskatnuss, frisch gerieben
100 g Kasseler-Aufschnitt in dünnen Scheiben
2 EL geriebener Appenzeller

ZUBEREITUNG: ca. 30 Min.
BACKZEIT: 15 Min.

1. Die Kartoffeln waschen, in Salzwasser 20 Min. garen. Wirsing putzen, die Blätter waschen und in kochendem Salzwasser in 12–15 Min. garen. Kalt abschrecken und gut abtropfen lassen. Wirsing in mundgerechte Stücke schneiden. Kartoffeln pellen und vierteln.

2. Den Backofen auf 250° vorheizen. Brühe, Milch und Milchpulver in einem Topf verrühren, 5 Min köcheln lassen. Die Sauce mit Salz, Pfeffer und Muskatnuss kräftig würzen. Kasseler in Streifen schneiden.

3. Wirsing, Kartoffeln und Kasseler mischen und in eine Auflaufform füllen. Mit der Sauce übergießen und mit dem Käse bestreuen. Im Ofen (Mitte, Umluft 225°) ca. 12–15 Min. überbacken, bis die Oberfläche leicht gebräunt ist.

Nährwerte pro Portion:

400 kcal • 29 g Eiweiß • 13 g Fett • 42 g Kohlenhydrate • 398 mg Calcium

Rigatoni mit Paprikagemüse und Schinken

FÜR 2 PERSONEN

je 1 orange und rote Paprikaschote
1 Zwiebel
1 Knoblauchzehe
2 EL Olivenöl
50 ml Gemüsebrühe
Salz, Pfeffer
200 g Rigatoni
70 g Appenzeller
100 ml Milch (1,5 % Fett)
60 g gekochter Schinken (ohne Fettrand)
2 EL gemischte gehackte Kräuter

ZUBEREITUNG: ca. 30 Min.

1. Paprikaschoten waschen, halbieren, putzen und in 2 cm große Würfel schneiden. Zwiebel und Knoblauch abziehen. Die Zwiebel halbieren und in dünne Scheiben schneiden, den Knoblauch klein würfeln.
2. Öl erhitzen, die Zwiebel darin glasig dünsten. Paprika und Knoblauch unterrühren, 3 Min. mitdünsten. Brühe angießen, salzen, pfeffern und 10 Min. zugedeckt köcheln lassen.
3. Rigatoni in Salzwasser bissfest kochen. Den Käse grob raspeln. Mit der Milch in einem Topf bei schwacher Hitze unter Rühren schmelzen und cremig einköcheln lassen. Schinken klein würfeln, unter das Gemüse mischen.
4. Kräuter unter die Sauce rühren, mit Salz und Pfeffer abschmecken. Rigatoni abgießen, abtropfen lassen, mit der Käsesauce vermischen. In tiefen Tellern anrichten und das Paprikagemüse darauf verteilen.

Nährwerte pro Portion:

720 kcal • **33 g** Eiweiß • **27 g** Fett • **84 g** Kohlenhydrate • **400 mg** Calcium

Hackfleisch-Bohnen-Pfanne mit Feta

FÜR 1 PERSON

200 g grüne TK-Schnittbohnen
1 Zwiebel
1 1/2 EL Maiskeimöl
125 g gemischtes Hackfleisch
100 g Tomatenstücke (Tetra Pak)
1/2 TL Thymian
Salz, Pfeffer
50 g Feta (40 % Fett i. Tr.)

ZUBEREITUNG: ca. 30 Min.

1. Die Bohnen in einer hohen Pfanne nach Packungsanweisung zubereiten. Abgießen und abtropfen lassen. Die Pfanne trockenwischen. Die Zwiebel abziehen, vierteln und in dünne Scheiben schneiden.
2. Öl in der Pfanne erhitzen und das Hackfleisch darin braun und krümelig braten. Zwiebel zufügen und kurz mitbraten. Tomatenstücke, Thymian, Salz und Pfeffer zufügen, 5 Min. zugedeckt schmoren lassen. Die Bohnen untermischen und heiß werden lassen.
3. Hackfleisch-Bohnen-Mischung mit Salz und Pfeffer abschmecken. Den Feta in Stücke brechen und darüber streuen.

Nährwerte pro Portion:

680 kcal • **39 g** Eiweiß • **52 g** Fett • **13 g** Kohlenhydrate • **349 mg** Calcium

Gratinierte Schweinemedaillons

FÜR 2 PERSONEN
1 1/2 EL Olivenöl
250 g Schweinefilet
3 kleine Tomaten
2 TL frische Rosmarinnadeln
Salz, Pfeffer
70 g Gorgonzola
150 ml Milch (1,5 % Fett)
2 EL Magermilchpulver
1/2 TL Speisestärke
1 TL eingelegte grüne Pfefferkörner

ZUBEREITUNG: ca. 20 Min.
BACKZEIT: 15 Min.

1. Backofen auf 220° Grad vorheizen. Eine kleine Gratinform dünn mit Öl einfetten. Schweinefilet trockentupfen, in ca. 3 cm dicke Scheiben schneiden. Die Tomaten waschen und quer halbieren. Die Rosmarinnadeln grob hacken, mit 1 TL Öl und je 1 Prise Salz und Pfeffer vermischen.
2. Den Gorgonzola mit einer Gabel zerdrücken. Mit Milch, Milchpulver, Stärke und Pfefferkörnern verrühren, in die Gratinfom füllen. Restliches Öl stark erhitzen, die Schweinemedaillons darin von jeder Seite 30 Sek. anbraten, salzen und pfeffern.
3. Medaillons und Tomatenhälften mit den Schnittflächen nach oben in die Form setzen. Rosmarin auf den Tomaten verteilen. Das Ganze im Ofen (Mitte, Umluft 180°) 15 Min. überbacken.

Nährwerte pro Portion:
420 kcal • 39 g Eiweiß • 24 g Fett • 11 g Kohlenhydrate • 417 mg Calcium

Hirschsteak mit Kräuterkruste

FÜR 2 PERSONEN
3 EL Vollkorn-Semmelbrösel
50 g Parmesan, frisch gerieben
1 EL gemischte gehackte Kräuter
2–3 EL Olivenöl
1 Eiweiß
Salz, Pfeffer
100 g Rucola
2 EL Walnusskerne
2 Hirschsteaks à 150 g

ZUBEREITUNG: ca. 30 Min.

1. Für die Kruste die Semmelbrösel mit Parmesan, Kräutern, 1 EL Öl und dem Eiweiß verrühren. Mit etwas Salz und Pfeffer würzen. Rucola waschen, putzen, trockenschütteln und die dicken Stiele entfernen. Walnusskerne grob hacken. Die Hirschsteaks trockentupfen, mit Salz und Pfeffer würzen.
2. Backofengrill einschalten. In einer Pfanne 1 EL Öl stark erhitzen. Die Steaks darin von beiden Seiten je 1 Min. anbraten, salzen, pfeffern und in eine flache ofenfeste Form setzen. Mit der Kräuter-Käse-Masse bestreichen. Unter dem Grill (oder bei starker Oberhitze) 5–7 Min. gratinieren, bis die Kruste leicht gebräunt ist.
3. Aus Essig, Salz, Pfeffer und dem restlichen Öl eine Salatmarinade aufschlagen. Mit dem Rucola und den Nüssen vermengen. Hirschsteaks mit dem Rucola-Walnuss-Salat anrichten.

Nährwerte pro Portion:
550 kcal • 49 g Eiweiß • 33 g Fett • 14 g Kohlenhydrate • 432 mg Calcium

Apfel-Nuss-Schmarren

FÜR 4 PERSONEN
4 Eier
70 g Zucker
Salz
abgeriebene Schale von 1 unbehandelten Zitrone
4 EL Milch (1,5 % Fett)
100 g Mehl
50 g gemahlene Haselnüsse
200 g Mascarpone light
250 g säuerliche Äpfel
2 EL + 2 TL Butter
Puderzucker zum Bestäuben
nach Belieben Preiselbeerkompott

ZUBEREITUNG: ca. 20 Min.

1. Zwei Eier trennen. Die Eigelbe mit den ganzen Eiern in eine Schüssel geben. Mit 50 g Zucker, 1 Prise Salz und der Zitronenschale verquirlen.
2. Nacheinander Milch, Mehl, Nüsse und Mascarpone unterrühren. Das Eiweiß steif schlagen und locker unter den Teig heben. Die Äpfel schälen, vierteln und vom Kerngehäuse befreien. Apfelviertel feinblättrig schneiden.
3. 2 EL Butter in einer großen Pfanne zerlassen, den Teig 2–3 cm dick einfüllen. Kurz backen lassen, dann mit den Äpfeln belegen. Weiterbacken, bis die untere Seite fest und leicht gebräunt ist. Den Schmarren wenden, eventuell vorher halbieren und bei schwacher Hitze backen, bis auch die Unterseite goldgelb ist.
4. Schmarren mit zwei Gabeln in kleine unregelmäßige Stücke reißen. Die restliche Butter dazugeben, mit dem übrigen Zucker bestreuen. Unter Wenden die Stücke noch kurz weiterbacken, bis sie rundum knusprig sind.
5. Apfel-Nuss-Schmarren auf Teller verteilen und mit gesiebtem Puderzucker bestäuben. Sofort servieren. Nach Belieben Preiselbeerkompott dazu reichen.

TIPP

Auch bei den Desserts sollten Sie bei Milchprodukten und Frischkäse möglichst immer die fettarmen Varianten bevorzugen. Ihrer Gesundheit zuliebe.

VARIANTE

Wer mag kann noch 50 g in Rum oder Wasser eingeweichte Sultaninen in den Teig geben. Die Haselnüsse lassen sich gut gegen gemahlene Mandeln austauschen.

Nährwerte pro Portion:

565 kcal • **14 g** Eiweiß • **35 g** Fett • **48 g** Kohlenhydrate • **127 mg** Calcium

Griechischer Joghurt mit Honig und Pistazien

FÜR 1 PERSON

150 g griechischer Joghurt (10 % Fett, ersatzweise Sahnejoghurt)
2 EL flüssiger Orangenhonig (ersatzweise anderer Honig)
1 EL ungesalzene Pistazienkerne
etwas Obst der Saison (z. B. 1 kleine blaue Feige, 2 Erdbeeren oder einige Mandarinenspalten)

ZUBEREITUNG: ca. 10 Min.

1. Den Joghurt und 1 EL Honig mit dem Schneebesen cremig aufschlagen und in ein Schälchen füllen.
2. Die Pistazienkerne grob hacken. Restlichen Honig auf den Joghurt träufeln. Pistazien darüber streuen. Mit einer geviertelten Feige, halbierten Erdbeeren oder den Mandarinenspalten garnieren.

INFO

Wenn Sie den griechischen Joghurt gegen einen mit 1,5 Prozent Fettgehalt austauschen und auf das Obst verzichten, haben Sie eine calciumreiche und leckere Spätmahlzeit, die im Handumdrehen fertig ist.

Nährwerte pro Portion:

385 kcal • **2 g** Eiweiß • **5 g** Fett • **35 g** Kohlenhydrate • **169 mg** Calcium

Schnelles Erdbeereis

FÜR 2 PERSONEN

100 g gut gekühlte Sahne
1 TL Vanillezucker
2 TL ungesalzene Pistazienkerne
200 g TK-Erdbeeren
100 g gut gekühlten Joghurt (1,5 % Fett)
2 EL Magermilchpulver
2 EL Ahornsirup
1 EL Zitronensaft

ZUBEREITUNG: ca. 15 Min.

1. Die Sahne mit dem Vanillezucker steif schlagen und kalt stellen. Die Pistazienkerne grob hacken.
2. Die nicht aufgetauten Erdbeeren mit dem Joghurt, dem Milchpulver, dem Ahornsirup und dem Zitronensaft ganz kurz im Mixer, oder portionsweise mit dem Pürierstab, zerkleinern.
3. Die Sahne unter die Beeren-Joghurt-Masse heben. Das Eis in Gläser füllen. Mit den Pistazien bestreuen und sofort servieren.

VARIANTE

Alle, die auf ihr Gewicht achten müssen, können die Sahne gegen 100 Gramm fettarmen Joghurt austauschen.

Nährwerte pro Portion:

330 kcal • **8 g** Eiweiß • **20 g** Fett • **29 g** Kohlenhydrate • **223 mg** Calcium

Limettencreme mit Papaya

FÜR 4 PERSONEN

2 unbehandelte Limetten
1 TL gemahlene weiße Gelatine
300 g Joghurt (1,5 % Fett)
50 g Zucker
125 g Sahne
1 EL Zitronenmelisse, in feine Streifen geschnitten
600 g Papayas
1 EL Zitronensaft
Zitronenmelisse zum Garnieren

ZUBEREITUNG: ca. 30 Min.
KÜHLZEIT: ca. 2 Std.

1. Limetten unter heißem Wasser waschen, trockenreiben. Von 1 Frucht die Schale fein abreiben. Beide Limetten halbieren und auspressen, das sollte ca. 50 ml ergeben. Die Gelatine mit dem Limettensaft in einem Topf verrühren und 10 Min. quellen lassen.

2. Den Joghurt glatt rühren und mit Limettenschale und Zucker vermischen. Die Gelatine unter leichtem Erwärmen auflösen. 3 EL Joghurt unterrühren. Die Gelatinemasse unter den restlichen Joghurt mischen. Die Sahne steif schlagen und mit den Melissestreifen unter die Joghurtmasse heben. Creme zugedeckt ca. 2 Std. in den Kühlschrank stellen.

3. Zum Servieren die Papaya schälen, längs halbieren, entkernen und in Würfel oder Scheiben schneiden, mit Zitronensaft beträufeln. Limettencreme in Nocken abstechen, mit der Papaya und der Zitronenmelisse anrichten.

Nährwerte pro Portion:

220 kcal • **4 g** Eiweiß • **11 g** Fett • **25 g** Kohlenhydrate • **139 mg** Calcium

Mohnnudeln mit Himbeerpüree

FÜR 2 PERSONEN

250 g Schupfnudeln (aus dem Kühlregal)
250 g Himbeeren
1 EL Puderzucker
2 TL Zitronensaft
2 EL Butter
2 TL Vanillezucker
2 EL gemahlener Mohn

ZUBEREITUNG: ca. 20 Min.

1. Die Schupfnudeln nach Packungsangabe in kochendem Wasser erhitzen. Himbeeren verlesen, nur wenn nötig waschen. Bis auf 2 EL die Himbeeren pürieren und durch ein Sieb streichen. Mit Puderzucker und Zitronensaft abschmecken.

2. Schupfnudeln abgießen und abtropfen lassen. Die Butter in einer Pfanne erhitzen. Vanillezucker und Mohn einrühren. Schupfnudeln unter gelegentlichem Wenden darin heiß werden lassen.

3. Die Mohnnudeln mit dem Himbeerpüree auf Tellern anrichten und mit den restlichen Beeren garniert servieren.

INFO

Prima, wer Mohn mag. Denn er gehört mit seinen 1460 mg Calcium pro 100 Gramm zu den besten Calciumquellen.

Nährwerte pro Portion:

370 kcal • **12 g** Eiweiß • **13 g** Fett • **58 g** Kohlenhydrate • **135 mg** Calcium

Ricottanocken auf Orangen

FÜR 4 PERSONEN
75 ml Orangensaft mit Calcium
70 g Zucker
500 g Ricotta (ersatzweise Magerquark)
abgeriebene Schale von 1/2 unbehandelten Zitrone
1 TL Zitronensaft
1 EL Orangenlikör (nach Belieben)
3 EL Mandelstifte
4 Orangen

ZUBEREITUNG: ca. 30 Min.
KÜHLZEIT: 3 Std.

1. Orangensaft und Zucker bei mittlerer Hitze unter gelegentlichem Rühren in ca. 10 Min. zu einem Sirup kochen lassen. Lauwarm abkühlen lassen.
2. Ricotta cremig rühren. Mit Sirup, Zitronenschale, Zitronensaft und Orangenlikör vermischen. Die Creme ca. 3 Std. in den Kühlschrank stellen.
3. Mandelstifte ohne Fett rösten. Orangen so schälen, dass auch die weiße Haut entfernt ist. Filets zwischen den Trennhäuten herausschneiden, dabei den Saft auffangen. Orangenfilets mit Saft auf Teller verteilen.
4. Zum Servieren aus der Ricottacreme mit zwei heiß abgespülten Esslöffeln Nocken abstechen und auf den Orangenfilets anrichten. Das Dessert mit Mandelstiften bestreut servieren.

Nährwerte pro Portion:
370 kcal • **16 g** Eiweiß • **19 g** Fett • **33 g** Kohlenhydrate • **322 mg** Calcium

Grießflammerie mit Kiwisauce

FÜR 2 PERSONEN
350 ml Milch (1,5 % Fett)
40 g Weichweizengrieß
100 g Magerquark
2 EL gemahlene Mandeln
1/2 TL abgeriebene Schale von 1 unbehandelten Zitrone
2 EL Ahornsirup
2 große Kiwis
1/2 Päckchen Vanillezucker
2 EL Orangensaft mit Calcium
Zitronenmelisse zum Garnieren

ZUBEREITUNG: ca. 15 Min.
ABKÜHLZEIT: 20 Min.

1. Milch zum Kochen bringen, Grieß einrieseln lassen und bei schwacher Hitze unter gelegentlichem Rühren 4 – 5 Min. köcheln lassen. Grießbrei von der Kochstelle nehmen. Quark, Mandeln, Zitronenschale und Ahornsirup unterrühren. Den Flammerie lauwarm abkühlen lassen.
2. Kiwis schälen, 1/2 Frucht würfeln. Den Rest grob zerschneiden und nur kurz pürieren. Mit Vanillezucker und Orangensaft verrühren.
3. Den Grießflammerie auf 2 Tellern anrichten. Obenauf Kiwipüree und Kiwiwürfel verteilen und mit Melisse garnieren.

Nährwerte pro Portion:
290 kcal • **15 g** Eiweiß • **5 g** Fett • **45 g** Kohlenhydrate • **274 mg** Calcium

Käse-Kirsch-Kuchen

FÜR 8 STÜCK

500 g Schichtkäse oder Magerquark (beide mit 10 % Fett)
250 g Sauerkirschen (frisch oder aus dem Glas)
1 unbehandelte Limette
65 g weiche Butter + Butter für die Form
100 g Zucker
1/2 TL Naturvanille
2 Eier
2 EL Weichweizengrieß
1/2 Päckchen Backpulver
1/2 Päckchen Vanillepuddingpulver
2 EL Pinienkerne
Puderzucker zum Bestäuben
Springform (18–20 cm Ø)

ZUBEREITUNG: ca. 25 Min.
BACKZEIT: 1 Std.

1. Schichtkäse oder Quark in einem feinen Sieb abtropfen lassen. Frische Kirschen waschen und entsteinen, Kirschen aus dem Glas abtropfen lassen.
Die Limette heiß waschen, trockenreiben und 1 TL Schale fein abreiben. Limette halbieren, 2 EL Saft auspressen.

2. Den Backofen auf 180° vorheizen. Weiche Butter cremig schlagen. Etwa zwei Drittel des Zuckers, Naturvanille, Limettenschale und Limettensaft zugeben. Weiterrühren, bis eine glatte Creme entstanden ist.
Die Eier trennen. Eigelbe einzeln unter die Masse rühren.

3. Den Grieß mit Backpulver und Puddingpulver vermischen. Nach und nach in die Kuchenmasse rühren. Dann den Schichtkäse oder Quark und danach die Kirschen untermischen. Eiweiße mit dem restlichen Zucker steif schlagen, unterheben.

4. Backform einfetten, die Masse einfüllen und glatt streichen. Mit Pinienkernen bestreuen. Kuchen im Ofen (Mitte, Umluft 160°) ca. 1 Std. backen. Falls er vor Ende der Backzeit schon goldgelb ist, ihn mit Alufolie abdecken.

5. Kuchen aus dem Ofen nehmen und noch 30 Min. in der Form ruhen lassen. Dann den Rand der Form behutsam mit einem Messer lösen. Kuchen auskühlen lassen. Zum Servieren mit etwas gesiebten Puderzucker bestäuben.

VARIANTE

Die Kirschen können Sie zur Abwechslung durch anderes Obst, wie z. B. Aprikosen, Zwetschgen oder Äpfel austauschen.

INFO

Wer Mohn mag, sollte unter die Kuchenmasse noch 2 EL gemahlene Mohnsamen rühren, denn sie erhöhen das Calciumkonto erheblich. Mohn gehört mit seinen 1460 mg Calcium pro 100 g zu den besten Calciumquellen.

Nährwerte pro Stück:

225 kcal • **10 g** Eiweiß • **11 g** Fett • **21 g** Kohlenhydrate • **67 mg** Calcium

Apfel-Schicht-Becher mit Mandelkrokant

FÜR 2 PERSONEN

400 g säuerliche Äpfel
80 g Zucker
3 EL Zitronensaft
2 EL geschälte Mandeln
2 TL Butter
200 g Speisequark (0,2 g Fett)
1 TL Vanillezucker
1 EL geraspelte Zartbitterschokolade
Alufolie

ZUBEREITUNG: ca. 30 Min.

1. Die Äpfel waschen, ungeschält vierteln, nur Blütenansatz und Stiel entfernen. Äpfel mit 40 g Zucker und dem Zitronensaft zugedeckt garen, bis sie ganz weich sind.

2. Inzwischen die Mandeln grob hacken. Butter in einer kleinen Pfanne erhitzen, 40 g Zucker einrühren und zum hellen Karamell schmelzen lassen. Mandeln zufügen und rühren, bis sie vom Karamell überzogen sind. Auf ein Stück geölte Alufolie verteilen und abkühlen lassen. Dann mit einem Nudelholz zerkrümeln.

3. Äpfel durch ein Sieb streichen. Das Mus in zwei Glasbecher verteilen, etwas abkühlen lassen. Mit Mandelkrokant bestreuen. Quark mit Vanillezucker glatt aufschlagen, auf dem Krokant verteilen. Mit Schokoladenraspeln bestreuen und sofort servieren.

Nährwerte pro Portion:

440 kcal • **16 g** Eiweiß • **12 g** Fett • **66 g** Kohlenhydrate • **138 mg** Calcium

Traubensalat auf Tofucreme

FÜR 1 PERSON

60 g Tofu
3 TL Zitronensaft
3 EL Orangensaft mit Calcium
2 TL flüssiger Honig
1 EL gemahlene Haselnüsse
1 Messerspitze Naturvanille
150 g weiße und blaue Weintrauben
2 TL Puderzucker

ZUBEREITUNG: ca. 15 Min.

1. Für die Creme den Tofu mit 1 TL Zitronensaft, dem Orangensaft und dem Honig glatt und cremig aufschlagen. Haselnüsse und Vanille unterrühren. Die Creme in ein Becherglas füllen und kalt stellen.

2. Für den Salat die Weintrauben waschen, von den Stielen zupfen, längs halbieren und entkernen. Traubenhälften mit Puderzucker und dem restlichen Zitronensaft vermischen.

3. Zum Servieren den Traubensalat auf die Tofucreme geben.

VARIANTE

Das Dessert lässt sich je nach Geschmack und Jahreszeit mit beliebigen frischen Früchten zubereiten.

Nährwerte pro Portion:

295 kcal • **7 g** Eiweiß • **7 g** Fett • **56 g** Kohlenhydrate • **137 mg** Calcium

Pfirsichcreme mit Dickmilch

FÜR 2 PERSONEN

2 EL Sesamsamen
2 große gelbfleischige Pfirsiche
2 EL Zitronensaft
200 g Dickmilch
100 g Magerquark
2 Messerspitzen Naturvanille
2 – 3 EL Ahornsirup
Apfelminze oder andere Minze zum Garnieren

ZUBEREITUNG: ca. 20 Min.

1. Sesamsamen in einer Pfanne ohne Fett goldgelb rösten. Pfirsiche waschen. 1 Pfirsich häuten, halbieren, entsteinen und grob würfeln. Die Würfel mit 2 TL Zitronensaft fein pürieren.
2. Die Dickmilch mit dem Quark und der Vanille glatt und cremig rühren. Die Hälfte des Pfirsichpürees locker unterheben. Mit Ahornsirup abschmecken.
3. Den zweiten Pfirsich halbieren, entsteinen und in schmale Spalten schneiden. Mit restlichem Zitronensaft bepinseln, damit sie hell bleiben. Pfirsichcreme und Fruchtspalten anrichten, das übrige Püree spiralförmig über die Creme träufeln. Mit Minze garnieren.

Nährwerte pro Portion:

260 kcal • **13 g** Eiweiß • **9 g** Fett • **32 g** Kohlenhydrate • **275 mg** Calcium

Dattel-Muffins mit Minzesahne

FÜR 12 STÜCK

200 g getrocknete Datteln
240 g Mehl
2 TL Backpulver
80 g Zucker
1 Messerspitze Salz
80 ml Pflanzenöl
2 Eier
200 g Joghurt (1,5 % Fett)
1 EL Minzeblättchen
125 g Sahne
1 EL Ahornsirup
1 Muffinblech
12 Papierbackförmchen

ZUBEREITUNG: ca. 25 Min.
BACKZEIT: 20 Min.

1. Backofen auf 180° vorheizen. Muffinmulden mit den Papierbackförmchen auslegen. Datteln längs halbieren, entsteinen und klein würfeln.
2. Mehl mit Backpulver, Zucker und Salz mischen. Öl mit Eiern und Joghurt verrühren. Mehlmischung unter die Joghurtmischung rühren, bis alles gut vermengt ist.
3. Datteln unter den Teig heben. In die Muffinmulden füllen. Im Ofen (Mitte, Umluft 160°) in ca. 20 Min. goldbraun backen. Muffins aus dem Ofen nehmen, abkühlen lassen.
4. Zum Servieren die Minzeblättchen in sehr feine Streifen schneiden. Die Sahne mit dem Ahornsirup steif schlagen, dann die Minze unterheben. Je 1 Klecks Minzesahne auf die Dattel-Muffins setzen.

Nährwerte pro Stück:

245 kcal • **4 g** Eiweiß • **10 g** Fett • **34 g** Kohlenhydrate • **49 mg** Calcium

Gut zu wissen

Bücher, Broschüren, Adressen und Links, die weiterhelfen

Buchtipps

Semler, Jutta, Dr. med.: Ärztlicher Ratgeber OSTEOPOROSE, Wort und Bild-Verlag, Baierbrunn

Osteoporose – rechtzeitig erkennen, richtig behandeln, Informationsbroschüre unter Berücksichtigen wissenschaftlich gesicherter Osteoporose-Leitlinien, hg. vom Kuratorium Knochengesundheit e.V., dort kostenlos erhältlich gegen einen mit 55 Cent frankierten und vollständig adressierten DIN Lang-Rückumschlag.

Patientenleitlinie Osteoporose – für Frauen nach den Wechseljahren, für Frauen und Männer im höheren Lebensalter und bei chronischer Einnahme von Gluccocorticoiden, hg. vom Dachverband Deutschsprachiger Osteoporose-Selbsthilfeverbände und Patientenorientierter Osteoporose-Organisationen e.V. (DOP) und dem Dachverband Osteologie e.V. (DVO), kostenlos erhältlich beim Kuratorium Knochengesundheit e.V. gegen einen mit 1,45 Euro frankierten und vollständig adressierten DIN A5-Rückumschlag.

Gesunde Gelenke – schmerzfrei und beweglich
Dr. Med. Siegbert Tempelhof
Gräfe und Unzer Verlag
ISBN-10: 3-7742-5515-6
ISBN-13: 978-3-77425515-9

Nordic-Walking
Schmidt/Helmkamp/Mack/Winski
Gräfe und Unzer Verlag
ISBN-10: 3-7742-6434-1
ISBN-13: 978-3-7742-6434-2

Wechseljahre
Dr. med. Ingeborg Lackinger Karger
Gräfe und Unzer Verlag
ISBN-10: 3-7742-5567-9
ISBN-13: 978-3-7742-5567-8

Rückenschmerzen
Dr. Med. Siegbert Tempelhof
Gräfe und Unzer Verlag
ISBN-10: 3-7742-6987-4
ISBN-13: 978-3-7742-6987-3

Stabile Knochen – mobiles Leben
Rosi Mittermaier
Prof. Dr. med. Reiner Bartl
Knaur Ratgeber Verlage, München
ISBN-13: 978 -3- 426-64277-1
ISBN-10: 3- 426-64277-8

Verbände

Kuratorium Knochengesundheit e.V.
Leipziger Straße 6
74889 Sinsheim
Tel.: 09 00/1 85 45 25
(Mo. – Fr. 8.30 – 12.30 Uhr, 25 Cent/Minute)
Fax: 0 72 61/6 46 59
E-Mail: info@osteoporose.org
Internet: www.osteoporose.org

Osteoporose-Selbsthilfegruppen-Dachverband OSD
Bundesgeschäftsstelle
Hohe Straße 38
99867 Gotha
Tel.: 0 36 21/51 25 81
Fax: 0 36 21/51 25 82
E-Mail: info@osd-ev.org
Internet: www.osd-ev.org

weitere Informationen

www.n-i-o.org
www.boneplus-fonds.org
www.dv-osteologie.org
www.osteoporose-dop.org

Gerichte nach Kapiteln

Rezeptregister von A bis Z

Impressum

Programmleitung: Doris Birk
Leitende Redakteurin: Stephanie Wenzel
Redaktion: Stefanie Poziombka
Lektorat: Susanne Klug
Korrektorat: Hildegard Toma
Umschlaggestaltung: Independent Medien Design
Fotografie: Jörn Rynio
Produktion: Petra Roth
Satz: Liebl Satz+Grafik, Emmering
Reproduktion: Penta Repro, München
Druck und Bindung: Printer, Trento

ISBN (10) 3-8338-0068-2
ISBN (13) 978-3-8338-0068-9

Auflage 4. 3. 2. 1.
Jahr 2009 08 07 06

Jörn Rynio arbeitet als Fotograf in Hamburg. Zu seinen Auftraggebern gehören nationale und internationale Zeitschriften, Buchverlage und Werbeagenturen. Aus seinem Studio stammen alle Fotos in diesem Band. Tatkräftig unterstützt wurde er dabei von seiner Foodstylistin Petra Speckmann.

Bildnachweis:
Alle Bilder: Jörn Rynio, Hamburg
Außer:
Titelbild: Fotostudio L'Eveque, München; S. 13: Medical Art Service, München; S. 17: Marcel Weber

Titelrezept: Fischfilet in Sesam-Möhren-Hülle, S. 82

Die Anregungen in diesem Buch stellen die Meinung beziehungsweise die Erfahrungen der Autoren dar und wurden von ihnen nach bestem Wissen und Gewissen erstellt. Sie bieten jedoch keinen Ersatz für kompetenten medizinischen Rat. Jede Leserin, jeder Leser sollte für das eigene Tun auch weiterhin selbst verantwortlich sein. Weder die Autoren noch der Verlag können für eventuelle Nachteile oder Schäden, die aus den im Buch gegebenen praktischen Hinweisen resultieren, eine Haftung übernehmen.

DAS ORIGINAL • MIT GARANTIE • GU

Das Original mit Garantie

Ihre Meinung ist uns wichtig. Deshalb möchten wir Ihre Kritik, gerne aber auch Ihr Lob erfahren. Um als führender Ratgeberverlag für Sie noch besser zu werden.
Darum: Schreiben Sie uns!
leserservice@graefe-und-unzer.de
Wir freuen uns auf Ihre Post und wünschen Ihnen viel Spaß mit Ihrem GU-Ratgeber.

Unsere Garantie: Sollte ein GU-Ratgeber einmal einen Fehler enthalten, schicken Sie uns das Buch mit einem kleinen Hinweis und der Quittung innerhalb von sechs Monaten nach dem Kauf zurück. Wir tauschen Ihnen den GU-Ratgeber gegen einen anderen zum gleichen oder ähnlichen Thema um.

GRÄFE UND UNZER VERLAG
Redaktion Kochen & Verwöhnen
Postfach 86 03 25
81630 München
Fax: 0 89/4 19 81 - 113
leserservice@graefe-und-unzer.de

GRÄFE UND UNZER

Ein Unternehmen der
GANSKE VERLAGSGRUPPE